A TELJES GABONAMENTES ÉTKEZÉS SZAKÁCSKÖNYV

100 tápanyagban gazdag, gabonamentes étel az élénk egészségért

Olivér Németh

Szerzői jogi anyag ©202 3

Minden jog fenntartva

A kiadó és a szerzői jog tulajdonosának megfelelő írásos beleegyezése nélkül könyve semmilyen módon, formában vagy formában nem használható fel vagy terjeszthető, kivéve a recenzióban használt rövid idézeteket. Ez a könyv nem helyettesítheti az orvosi, jogi vagy egyéb szakmai tanácsokat.

TARTALOMJEGYZÉK

TARTALOMJEGYZÉK 3
BEVEZETÉS 6
REGGELI 7
   1. Bazsalikomos paradicsom Frittata 8
   2. Kókuszos kenyér 10
   3. Chia spenótos palacsinta 12
   4. Oliva sajt omlett 14
   5. Feta kelkáposzta Frittata 16
   6. Friss bogyós Muffin 18
   7. Sajtos cukkini padlizsán 20
   8. Brokkoli nuggets 22
   9. Karfiol Frittata 24
   10. Kókuszos kelkáposzta Muffin 26
   11. Protein Muffin 28
   12. Egészséges gofri 30
   13. Sajtos mandulás palacsinta 32
   14. Növényi Quiche 34
   15. Sütőtökös Muffin 36
   16. Diótej és tejszín 38
   17. Almás pite Klaszterek 40
   18. Műzli 42
LAKÁSOK 44
   19. Sárgabarack/Őszibarack/Ananász 45
   20. Eper/cseresznye 47
   21. Áfonya/szilva 49
   22. Nyers almaszósz 51
   23. Fűszeres (erjesztett) gyümölcs csutney 53
   24. Áfonya cseresznye szósz 55
NAGYON 57
   25. Sós vaj keksz 58
   26. Vegamag keksz 60
   27. Almacider paleo fánk 62
   28. Matcha kesudió csészék 64
   29. Juhar pekándió zsír bombaszeletek 66
   30. K karfiol előételek 68

31. Édesburgonyás pirítósok 70
32. Gyümölcsgolyók bourbonban 72

HÚS FŐVEZETÉK 74

33. Balzsames marhahús és gomba keverék 75
34. Oregánó sertéshús keverék 77
35. Egyszerű marhasült 79
36. Sertés és paprika chili 81
37. Édesburgonyás szalonnapüré 83
38. Prosciutto-ba csomagolt mozzarella golyók 85
39. Bulgur bárány húsgombóc 87
40. Hummus darált báránnyal 89
41. Bárány töltött avokádó 91
42. Sült marha cukkini 93
43. Köményes-Lime Steak 95
44. Párolt nyakörv zöldek mogyorószószban 97
45. Magas fehérjetartalmú Chipotle Cheddar Quesadilla 99
46. Marha-csirke húsgombóc rakott 101
47. Citromos sült burgonya 103
48. Olasz csirke süti 105
49. Sovány és zöld ropogós csirke taco 107
50. Csirke és pulyka fasírt 109
51. Citromos fokhagymás oregánó csirke spárgával 111
52. Csirke kókuszos Poppers 113
53. Csirkehéjú Margherita Pizza 115
54. Chicken Stir Fry 117
55. Görög szigeti csirke Shish Kebab 119
56. Chicken Kabobs Mexicana 121
57. Nyári csirke burgerek 123
58. Garnélarák fokhagymával 125
59. Moules Marinieres 127
60. Párolt kagyló kókuszos-curryval 129
61. Tonhal tészta rakott 131
62. Lazac Burgerek 133
63. Sült fésűkagyló 135
64. Fekete tőkehal 137
65. Miso-mázas lazac 139

NÖVÉNYI FŐVEZETÉK 141

66. Cukkinis tészta bazsalikomos pestoval 142
67. Brokkoli és paradicsom 144

68.	Cukkini Fettuccine mexikói tacóval	146
69.	Zöldbab	148
70.	Gombakrém Satay	150
71.	Lencse Hamburger sárgarépával	152
72.	Rántott édesburgonya parmezánnal	154
73.	Rozmaring illatú karfiol kötegek	156
74.	Pesto cukkini tészta	158
75.	Juhar citrom Tempeh kockák	160
76.	Rukkola és édesburgonyasaláta	162
77.	Marhahús brokkolival vagy karfiol rizzsel	164
78.	Csirkés cukkini tészta	166
79.	Slow Cooker Spagetti	168
80.	Marhahús Lo Mein	170

LEves és Pörkölt 172

81.	Sült paradicsomleves	173
82.	Sajtburger leves	175
83.	Gyors lencse chili	177
84.	Citromos-fokhagymás csirke	179
85.	Krémes karfiolleves	181
86.	Cr o ckpot csirke taco leves	183
87.	Tofusütjük spárgapörkölttel	185
88.	Kakukkfű paradicsomleves krémes	187
89.	Gombás és Jalapeño pörkölt	189
90.	Karfiol leves	191

DESSZERT 193

91.	Chia puding	194
92.	Lime-avokádó puding	196
93.	Brownie Bites	198
94.	Sütőtök golyók	200
95.	Csokoládé diófürtök	202
96.	Kakaós kókuszvaj zsírbombák	204
97.	Áfonyás citromtorta	206
98.	Csokoládé-mandula kéreg	208
99.	Fueling Mousse	210
100.	Töltött avokádó	212

KÖVETKEZTETÉS 214

BEVEZETÉS

Üdvözöljük a "Teljes gabonamentes étkezési szakácskönyvben: 100 tápanyagban gazdag, gabonamentes étel az élénk egészségért." Egy olyan világban, ahol az étrendi választások létfontosságú szerepet játszanak általános jólétünkben, a gabonamentesség melletti döntés egy utazás a jobb egészség és vitalitás felé. Ez a szakácskönyv útmutató a gabonamentes életmód kialakításához és olyan ételek megkóstolásához, amelyek nem csak finomak, de táplálóak is.

Ahogy belemerülünk ennek a szakácskönyvnek az oldalain, 100 tápanyagban gazdag receptből álló változatos gyűjteményt fedezhet fel, amelyek nem tartalmaznak gabonát, például búzát, rizst és kukoricát. A gabonamentes étkezés népszerűségre tett szert potenciális egészségügyi előnyei miatt, beleértve a jobb emésztést és a tartós energiaellátást. Legyen szó étkezési korlátozásokról, vagy egyszerűen csak egészségesebb étkezési módra törekszik, ezek a receptek kreatív és kielégítő alternatívákat kínálnak, amelyek nem veszélyeztetik az ízt.

Hiszünk az ételek gyógyító, energizáló és örömteli erejében. Legyen szó tapasztalt egészségügyi szerelmesekről vagy újonc a gabonamentes étkezésről, célunk az, hogy kulináris utazását élvezetessé és tanulságossá tegyük. Tehát induljunk egy ízletes expedícióra, amely a gabonamentes étkezésen keresztül élénk egészséghez vezet.

REGGELI

1. Bazsalikomos paradicsom Frittata

Gyártmány: 2

INGREDIENTS:
- 5 tojás
- 1 evőkanál olívaolaj
- 7 oz konzerv articsóka
- 1 gerezd fokhagyma apróra vágva
- ½ csésze koktélparadicsom
- 2 evőkanál friss bazsalikom apróra vágva
- ¼ csésze feta sajt, morzsolva
- ¼ teáskanál bors
- ¼ teáskanál só

UTASÍTÁS:
a) Egy serpenyőben, közepes lángon süssünk olajat.
b) Keverjük hozzá a fokhagymát és pároljuk 4 percig.
c) Adjuk hozzá az articsókát, a bazsalikomot és a paradicsomot, és főzzük 4 percig.
d) A tojásokat verjük fel egy tálba, és ízesítsük sóval és borssal.
e) Öntsük a tojásos keveréket a serpenyőbe, és főzzük 5-7 percig.

2. Kókuszos kenyér

Gyártmány: 12

ÖSSZETEVŐK:
- 6 tojás
- 1 evőkanál sütőpor
- 2 evőkanál megfordítjuk
- ½ csésze őrölt lenmag
- ½ csésze kókuszliszt
- ½ teáskanál fahéj
- 1 teáskanál xantángumi
- ⅓ csésze cukrozatlan kókusztej
- ½ csésze olívaolaj
- ½ teáskanál só

UTASÍTÁS:
a) Melegítsük elő a sütőt 375 F-ra.
b) Adja hozzá a tojást, a tejet és az olajat az állványos mixerbe, és keverje össze.
c) Hozzáadjuk a többi hozzávalót, és jól összekeverjük.
d) Kivajazott tepsibe öntjük a tésztát.
e) 40 percig sütjük a sütőben.
f) Szeleteljük és tálaljuk.

3. Chia spenótos palacsinta

Gyártmány: 6

ÖSSZETEVŐK:
- 4 tojás
- ½ csésze kókuszliszt
- 1 csésze kókusztej
- ¼ csésze chia mag
- 1 csésze spenót, apróra vágva
- 1 teáskanál szódabikarbóna
- ½ teáskanál bors
- ½ teáskanál só

UTASÍTÁS:
a) A tojásokat egy tálban habosra verjük.
b) Keverjük össze az összes száraz hozzávalót, és adjuk hozzá a tojásos keverékhez, és keverjük simára. Adjuk hozzá a spenótot és jól keverjük össze.
c) Kikent serpenyőt vajjal, és közepes lángon melegítjük.
d) Öntsön 3-4 evőkanál tésztát a serpenyőbe, és készítse el a palacsintát.
e) A palacsintát mindkét oldaláról enyhén aranybarnára sütjük.

4. Oliva sajt omlett

Gyártmány: 4

ÖSSZETEVŐK:
- 4 nagy tojás
- 2 oz sajt
- 12 olajbogyó, kimagozva
- 2 evőkanál vaj
- 2 evőkanál olívaolaj
- 1 teáskanál Provence-i gyógynövény
- ½ teáskanál só

UTASÍTÁS:
a) A vaj kivételével az összes hozzávalót egy tálba tesszük, jól habosra keverjük.
b) Olvasszuk fel a vajat egy serpenyőben közepes lángon.
c) A tojásos keveréket forró serpenyőbe öntjük, és egyenletesen eloszlatjuk.
d) Fedjük le és főzzük 3 percig.
e) Fordítsa az omlettet a másik oldalára, és süsse még 2 percig.

5. Feta kelkáposzta Frittata

Gyártmány: 8

ÖSSZETEVŐK:

- 8 tojás, felvert
- 4 dkg feta sajt, morzsolva
- 6 oz kaliforniai paprika, pirítva és kockára vágva
- 5 oz bébi kelkáposzta
- ¼ csésze zöldhagyma, szeletelve
- 2 teáskanál olívaolaj

UTASÍTÁS:

a) Olívaolajat főzzünk egy serpenyőben, közepes lángon.
b) Keverje hozzá a kelkáposztát a serpenyőbe, és párolja 4-5 percig, vagy amíg megpuhul.
c) Permetezze be a lassú tűzhelyet főzőpermettel.
d) Tegye a főtt kelkáposztát a lassú tűzhelybe.
e) Adjunk hozzá zöldhagymát és kaliforniai paprikát a lassú tűzhelyhez.
f) Öntsük a felvert tojást a lassú tűzhelybe, és keverjük jól össze.
g) Megszórjuk morzsolt feta sajttal.
h) 2 órán át lassú tűzön főzzük.

6. Friss bogyós Muffin

Gyártmány: 9

ÖSSZETEVŐK:
- 2 tojás
- ½ teáskanál vanília
- ½ csésze friss áfonya
- 1 teáskanál sütőpor
- 6 csepp stevia
- 1 csésze nehéz tejszín
- 2 csésze mandulaliszt
- ¼ csésze vaj, olvasztott

UTASÍTÁS:
a) Állítsa a sütőt 350 F-ra.
b) Keverje hozzá a tojásokat a keverőtálba, és keverje jól össze.
c) A többi hozzávalót a tojáshoz keverjük.
d) A masszát kivajazott muffin tepsibe töltjük, és a sütőben 25 percig sütjük. Szolgál.

7. Sajtos cukkini padlizsán

Gyártmány: 8

ÖSSZETEVŐK:
- 1 padlizsán, 1 hüvelykes kockákra vágva
- 1 ½ csésze spagettiszósz
- 1 közepes cukkini 1 hüvelykes darabokra vágva
- ½ csésze parmezán sajt, reszelve

UTASÍTÁS:
a) Tegye az összes hozzávalót az edénybe, és jól keverje össze.
b) Fedjük le és főzzük magas hőmérsékleten 2 órán át.
c) Jól keverjük össze és tálaljuk.

8. Brokkoli nuggets

Gyártmány: 4

ÖSSZETEVŐK:
- 2 tojásfehérje
- 2 csésze brokkoli rózsa
- ¼ csésze mandulaliszt
- 1 csésze cheddar sajt, reszelve
- ⅛ teáskanál só

UTASÍTÁS:
a) Melegítsük elő a sütőt 350 F-ra.
b) Adjuk hozzá a brokkolit egy tálba, és pépesítsük pépesítővel.
c) A többi hozzávalót a brokkolihoz keverjük.
d) Tegyünk 20 gombócot egy tepsire, és enyhén nyomkodjuk le.
e) Előmelegített sütőben 20 percig sütjük.

9. Karfiol Frittata

Gyártmány: 1

ÖSSZETEVŐK:
- 1 tojás
- ¼ csésze karfiol rizs
- 1 evőkanál olívaolaj
- ¼ teáskanál kurkuma
- Bors
- Só

UTASÍTÁS:
a) Az olaj kivételével az összes hozzávalót beletesszük a tálba, és jól összekeverjük.
b) Egy serpenyőben, közepes lángon süssünk olajat.
c) Öntse a keveréket a forró olajos serpenyőbe, és süsse 3-4 percig, vagy amíg enyhén aranybarna nem lesz.

10. Kókuszos kelkáposzta Muffin

Gyártmány: 8

ÖSSZETEVŐK:
- 6 tojás
- Fél csésze kókusztej, cukrozatlan
- 1 csésze kelkáposzta, apróra vágva
- ¼ teáskanál fokhagymapor
- ¼ teáskanál paprika
- ¼ csésze zöldhagyma, apróra vágva

UTASÍTÁS:
a) Melegítsük elő a sütőt 350 F-ra.
b) Az összes hozzávalót beletesszük a tálba, és jól összedolgozzuk.
c) A masszát a kivajazott muffinformába öntjük, és a sütőben 30 percig sütjük.

11. Protein Muffin

Gyártmány: 12

ÖSSZETEVŐK:
- 8 tojás
- 2 kanál vanília fehérjepor
- 8 oz krémsajt
- 4 evőkanál vaj, olvasztott

UTASÍTÁS:
a) Egy nagy tálban habosra keverjük a krémsajtot és az olvasztott vajat.
b) Adjuk hozzá a tojást és a fehérjeport, és keverjük jól össze.
c) A masszát a kivajazott muffinformába öntjük.
d) 350 F-on sütjük 25 percig.

12. Egészséges gofri

Gyártmány: 4

ÖSSZETEVŐK:
- 8 csepp folyékony stevia
- ½ teáskanál szódabikarbóna
- 1 evőkanál chia mag
- ¼ csésze víz
- 2 evőkanál napraforgómagvaj
- 1 teáskanál fahéj
- 1 avokádó, meghámozva, kimagozva és pépesítve
- 1 teáskanál vanília
- 1 evőkanál citromlé
- 3 evőkanál kókuszliszt

UTASÍTÁS:
a) A gofrisütőt előmelegítjük.
b) Egy kis tálba öntsünk vizet és chia magot, és áztassuk 5 percig.
c) Keverje össze a napraforgómagvajat, a citromlevet, a vaníliát, a steviát, a chia keveréket és az avokádót.
d) Keverjük össze a fahéjat, a szódabikarbónát és a kókuszlisztet.
e) Adjuk hozzá a nedves hozzávalókat a száraz hozzávalókhoz, és jól keverjük össze.
f) Öntse a gofrikeveréket a forró gofrisütőbe, és süsse mindkét oldalát 3-5 percig.

13. Sajtos mandulás palacsinta

Gyártmány: 4

ÖSSZETEVŐK:
- 4 tojás
- ¼ teáskanál fahéj
- ½ csésze krémsajt
- ½ csésze mandulaliszt
- 1 evőkanál vaj, olvasztott

UTASÍTÁS:
a) Tegye az összes hozzávalót a turmixgépbe, és turmixolja össze.
b) Egy serpenyőben közepes lángon felhevítjük a vajat.
c) Palacsintánként 3 evőkanál tésztát öntünk, és mindkét oldalát 2 percig sütjük.

14. Növényi Quiche

Gyártmány: 6

ÖSSZETEVŐK:
- 8 tojás
- 1 csésze parmezán sajt, reszelve
- 1 csésze cukrozatlan kókusztej
- 1 csésze paradicsom, apróra vágva
- 1 csésze cukkini, apróra vágva
- 1 evőkanál vaj
- ½ teáskanál bors
- 1 teáskanál só

UTASÍTÁS:
a) Melegítsük elő a sütőt 400 F-ra.
b) Egy serpenyőben közepes lángon hevítsük fel a vajat, majd adjuk hozzá a hagymát és pároljuk, amíg a hagyma megpuhul.
c) Adjuk hozzá a paradicsomot és a cukkinit a serpenyőbe, és pároljuk 4 percig.
d) A tojásokat a sajttal, a tejjel, a borssal és a sóval felverjük egy tálban.
e) A tojásos keveréket ráöntjük a zöldségekre, és a sütőben 30 percig sütjük.
f) Szeleteljük és tálaljuk.

15.Sütőtökös Muffin

Gyártmány: 10

ÖSSZETEVŐK:
- 4 tojás
- ½ csésze sütőtök püré
- 1 teáskanál sütőtök pite fűszer
- ½ csésze mandulaliszt
- 1 evőkanál sütőpor
- 1 teáskanál vanília
- ⅓ csésze kókuszolaj, olvasztott
- ⅔ csésze elfordítás
- ½ csésze kókuszliszt
- ½ teáskanál tengeri só

UTASÍTÁS:
a) Melegítsük elő a sütőt 350 F-ra.
b) Keverjük össze a kókuszlisztet, a sütőtök pite fűszerét, a sütőport, a rántást, a mandulalisztet és a tengeri sót.
c) Keverje hozzá a tojást, a vaníliát, a kókuszolajat és a sütőtökpürét, amíg jól össze nem áll.
d) A masszát a kivajazott muffinformába öntjük, és a sütőben 25 percig sütjük.

16. Diótej és tejszín

Elkészítés: 2 csésze tejszín vagy 4 csésze tej

ÖSSZETEVŐK:
- 2-4 csésze szűrt víz
- 1 csésze nyers makadámdió
- 1 csésze blansírozott mandula
- 1 csésze cukrozatlan, kókuszreszelék
- 2 nagy datolya (opcionális)
- 1 teáskanál vanília kivonat vagy paszta (opcionális)
- ⅛ teáskanál mandula kivonat (opcionális)
- Csipet tengeri só
- Ízlés szerint tiszta szerzetes gyümölcs vagy előnyben részesített édesítőszer

a) 2 csésze vizet melegítsen nagyon forróra.
b) Amíg a víz felmelegszik, hozzáadjuk a többi hozzávalót a turmixgéphez.
c) Amikor a víz forró, öntsük a turmixgép hozzávalóira. 5 percig pihentetjük.
d) Keverje össze mindent körülbelül egy percig.
e) Béleljen ki egy magas tálat sajtkendővel vagy egy dió/lézacskóval, hogy beleöntse a keveréket, és kinyomja belőle a folyadékot.
f) Az édességet és a vanília ízét ízlés szerint állítsa be.
g) Adjon hozzá több vizet a „tej" állag érdekében, vagy használja úgy, ahogy a kávékrémhez használja. Több napig eláll a hűtőben.

17. Almás pite Klaszterek

Elkészítés: kb 8 adag

ÖSSZETEVŐK:

- 2 apróra vágott alma vagy ½ csésze almaszósz
- 1 csésze puha, kimagozott datolya
- ¼ csésze juharszirup
- ¼ csésze puha vaj vagy kókuszolaj
- 2 teáskanál vanília kivonat
- 3 csésze müzli mix
- 1 teáskanál tiszta szerzetesgyümölcs vagy stevia (ha folyadékot használ, adjuk hozzá a robotgéphez)
- 1 evőkanál fahéj
- ½ teáskanál szegfűbors
- ½ teáskanál tengeri só

UTASÍTÁS:

a) Melegítsük elő a sütőt 300°F-ra, és béleljünk ki egy tepsit sütőpapírral.
b) Az almát, a datolyát, a juharszirupot, a vajat vagy a kókuszolajat és a vaníliát majdnem simára keverjük. Szeretek néhány darab almát és datolyát keveretlenül hagyni.
c) Tegye a müzlit egy nagy tálba, és keverje hozzá az édesítőt és a fűszereket.
d) Adjuk hozzá a robotgép tartalmát a száraz hozzávalókhoz, és kézzel dolgozzuk jól össze.
e) Egyenletesen eloszlatjuk a tepsiben, és körülbelül egy órán keresztül süssük úgy, hogy egy spatula segítségével forgatjuk és mozgassuk, vagy törjük szét a darabokat szükség szerint, körülbelül 3-4 alkalommal.
f) Kapcsolja ki a sütőt, nyissa ki az ajtót, és hagyja kihűlni, amíg ropogós nem lesz.
g) Tárolja légmentesen záródó edényben több hétig.

18. Müzli

Elkészítés: 12-16 adag

ÖSSZETEVŐK:

- 2 csésze kókuszreszelék
- ⅔ csésze chia mag liszt
- ⅔ csésze kender vagy más kedvenc mag
- ⅔ csésze almarost (opcionális), lásd a forrásokat (296. oldal)
- ⅓ csésze kókuszliszt
- ¼ csésze fahéj
- 1 teáskanál tiszta szerzetes gyümölcs
- 1 teáskanál tengeri só
- 2 csésze darált dió
- 2 csésze apróra vágott pekándió, makadámia, kesudió vagy brazil dió

UTASÍTÁS:

a) Egy nagy tálban keverjük össze a kókuszreszeléket, az őrölt chiát, a magokat, az almarostot, a kókuszlisztet, a fahéjat, az édesítőszert és a sót.
b) Pörgessük össze a diót egy konyhai robotgépben, amíg fel nem vágják.
c) Addig keverjük a diót a tálban, amíg minden össze nem keveredik.

LAKÁSOK

19. Sárgabarack/Őszibarack/Ananász

ÖSSZETEVŐK:

- 12 uncia (körülbelül 2 csésze) friss vagy korábban fagyasztott és felengedett, szeletelt őszibarack vagy ½ ananász
- 10 uncia szárított sárgabarack
- 3-4 evőkanál méz (lehetőleg manuka)
- 2 evőkanál friss citromlé
- 1 teáskanál tiszta szerzetesi gyümölcspor vagy stevia
- ½ teáskanál vanília és mandula kivonat
- csipetnyi tengeri só

UTASÍTÁS:

a) Adjunk hozzá mindent a turmixgéphez, és turmixoljuk simára.
b) Tegyük üvegekbe vagy edényekbe, és hűtsük le vagy fagyasszuk le (én általában az egyiket lehűtöm, az egyiket lefagyasztom).
c) Tipp: Gyümölcsbőr készítéséhez vékonyan kenje meg a lekvárt egy tepsibevonattal, és szárítsa 200°F-on néhány órán át.

20.Eper/cseresznye

ÖSSZETEVŐK:
- 1 font friss vagy korábban fagyasztott eper
- 6 uncia (vagy körülbelül 1¼ csésze) málna (opcionális)
- 2 csésze szárított cseresznye
- 2-4 evőkanál méz vagy szirup tetszés szerint
- 2 evőkanál friss citromlé
- ½–1 teáskanál tiszta szerzetesgyümölcs vagy stevia
- ½ teáskanál mandula kivonat (opcionális)
- ⅛ tengeri só

UTASÍTÁS:
a) Adjon mindent a robotgéphez, és pörgesse többször a kívánt állagig. Vagy add hozzá az eper felét és turmixold simára, majd forgasd bele a többi hozzávalót.

b) Tegyük üvegekbe vagy edényekbe, és hűtsük le vagy fagyasszuk le (én általában az egyiket lehűtöm, az egyiket lefagyasztom).

21.Áfonya/szilva

ÖSSZETEVŐK:
- 1 font friss vagy korábban fagyasztott áfonya
- 1 csésze szárított szilva (nevezhetjük aszalt szilvának)
- 2-4 evőkanál méz vagy szirup tetszés szerint
- 2 evőkanál friss citromlé
- ½–1 teáskanál tiszta szerzetesgyümölcs vagy stevia
- ½ teáskanál vanília (elhagyható)
- ⅛ tengeri só

UTASÍTÁS:
a) Adjon mindent a robotgéphez, és pörgesse többször a kívánt állagig. Vagy add hozzá az eper felét és turmixold simára, majd forgasd bele a többi hozzávalót.

b) Tegyük üvegekbe vagy edényekbe, és hűtsük le vagy fagyasszuk le (én általában az egyiket lehűtöm, az egyiket lefagyasztom).

22. Nyers almaszósz

ÖSSZETEVŐK:

- 6 nagy alma (a héja rendben van)
- 1 éppen érett banán
- 2-4 datolya, ízlés szerint vízben vagy mézben/steviában lágyítva
- 1 evőkanál citromlé
- ¼ teáskanál fahéj (elhagyható, vagy több ízlés szerint)
- csipet szegfűbors (elhagyható)

UTASÍTÁS:

a) Az aprítógépben simára nyomkodjuk.
b) Tipp: Adjon hozzá ½ csésze áfonyát a téli ünnepekre, epret Valentin-napra, vagy más gyümölcsöt, hogy időnként cserélje ki.

23. Fűszeres (erjesztett) gyümölcs csutney

ÖSSZETEVŐK:

- 3-4 hámozott, apróra vágott alma, őszibarack vagy ½ apróra vágott ananász
- ½ csésze aszalt, apróra vágott sárgabarack, aszalt szilva, sárga mazsola, áfonya, cseresznye, pekándió
- 1 szeletelt póréhagyma
- Két citrom leve
- ¼ csésze tejsavó, joghurtból vagy vízből lecsepegve, kefirből vagy kombuchából (jó erjedést biztosít)
- 2 teáskanál tengeri só
- 1 teáskanál fahéj
- ⅛ teáskanál pirospaprika pehely
- Víz vagy kókuszvíz, hogy ellepje

UTASÍTÁS:

a) Egy nagy tálban keverjük össze az összes hozzávalót, kivéve a vizet.
b) Csomagolja tiszta üvegedényekbe, hagyjon egy-két hüvelyk helyet a tetején.
c) Fedjük le és pihentessük szobahőmérsékleten 2-3 napig.
d) Legfeljebb egy hónapig hűtőszekrényben tároljuk, vagy lefagyasztjuk.

24. Áfonya cseresznye szósz

Elkészítés: 4 csésze szósz

ÖSSZETEVŐK:

- 1 vékony héjú narancslé, például Valencia, apróra vágva és kimagozva
- 2 csésze szárított áfonya
- 2 csésze kimagozott friss cseresznye (korábban fagyasztott is jó)
- 1 teáskanál tiszta szerzetesgyümölcs vagy stevia
- 1 teáskanál őrölt fahéj
- ½-⅔ teáskanál tengeri só
- ¼ teáskanál őrölt fekete bors
- ¼ teáskanál őrölt koriander
- Egy csipet szegfűszeg
- ¼ csésze portói bor vagy cseresznyelé
- ⅓ csésze fekete mazsola (opcionális)
- ⅓ csésze pekándió (opcionális)

UTASÍTÁS:

a) Adja hozzá a narancsot a robotgéphez, és vágja apró darabokra.

b) Adjuk hozzá a többi hozzávalót, kivéve a bort, a mazsolát és a pekándiót, és addig turmixoljuk, amíg darabos mártást nem kapunk.

c) Forraljuk fel a bort, a mazsolát és a pekándiót, és adjunk hozzá egy kis vizet, hogy hígítsuk, ha szükséges.

NAGYON

25. Sós vaj keksz

Kiszerelés: 1 (17 x 12 hüvelykes) sütilap

ÖSSZETEVŐK:
- 10 uncia fehér vagy sárga édesburgonya
- 1¾ csésze mandula, kesudió vagy makadámdió (vagy 2 csésze dióliszt)
- ½ csésze vaj
- 1 evőkanál zselatint
- 1½ teáskanál tengeri só
- Tojás a fogmosáshoz

UTASÍTÁS:
a) Melegítse elő a sütőt 350 °F-ra.
b) Kenjünk meg két tepsit vagy két sütőpapírt vajjal, ghível vagy olajjal.
c) Az S pengével felszerelt édesburgonyát konyhai robotgépben nagyon finomra pürésítheti.
d) Hozzáadjuk a többi hozzávalót (a tojás kivételével), és simára és pépesre pürésítjük.
e) Oszd ketté a tésztát, majd tekerd vagy nyomd ki mindegyik felét a két papírlap közé. Szánjon rá időt, hogy egyenletesen tekerje.
f) Távolítsa el a felső papírréteget, és pogácsaszaggatóval vagy spatulával vágja négyzetekre vagy téglalapokra. Ha a felső papír ragad, egyszerűen tegyük át a tésztát a papírral egy tepsire, és sütőpapírral együtt süssük kb. 8 percig, majd vágjuk négyzetekre.
g) Távolítsuk el a megbarnult széleket, és villával szurkáljuk meg a tetejét.
h) A tojást villával verjük habosra, kenjük meg vele a kekszet, és szórjuk meg további tengeri sóval.
i) Tegyük vissza a sütőbe, és süssük tovább, amíg el nem kezdenek barnulni.
j) Kapcsolja ki a sütőt, nyissa ki az ajtót, és hagyja pihenni körülbelül 30 percig, amíg a keksz ropogós lesz.
k) Tárolja légmentesen záródó edényben.
l) Ha a keksze idővel megpuhulnak, süssük újra a sütőben 300°F-on körülbelül 5–7 percig.

26. Vegamag keksz

Kiszerelés: 18-24 keksz

ÖSSZETEVŐK:
- 1 közepes/kis cukkini (kb. 6-7 uncia)
- ¼ csésze apróra vágott hagyma
- ¼ csésze apróra vágott piros kaliforniai paprika
- 1½ csésze tökmag nyersen vagy enyhén pirítva
- ¼ csésze chia mag
- 2 gerezd apróra vágott fokhagyma
- 1 szál friss tárkony vagy rozmaringlevél, vagy kedvenc fűszernövényed
- 1 evőkanál olívaolaj
- 1 teáskanál tengeri só
- ½ teáskanál fekete bors
- Természetesen tengeri só a szóráshoz

UTASÍTÁS:
a) Melegítsük elő a sütőt 325°F-ra, és kenjünk ki egy bélelt tepsit olívaolajjal.
b) A zöldségeket finomra vágjuk.
c) Tartalék ½ csésze tökmag. Hozzáadjuk a többi hozzávalót, és röviden eldolgozzuk, hogy a magok egy kicsit összetörjenek.
d) Hozzáadjuk a többi tökmagot, és 2-3-szor pulóverezzük.
e) Használjunk egy kis fagylaltkanállal, vagy csepegtessünk evőkanálokat az előkészített tepsire, ahogy a süti tésztát ejtenénk.
f) Egy lapos fenekű pohár segítségével nyomjon minden halmot vékony kekszbe, minden nyomás után mártsa az alját vízbe, és ha szükséges, szórjon meg még tengeri sóval.
g) 12-15 percig sütjük.
h) Vegye ki a sütőből, és egy spatulával óvatosan fordítsa meg az egyes kekszeket, tegye vissza a sütőbe, és süsse további 12-15 percig, vagy csak addig, amíg a széle barnulni nem kezd.
i) Kapcsolja ki a sütőt, és távolítson el minden kekszet, amely nyilvánvalóan barnul és ropogós.
j) Nyissa ki az ajtót, és hagyja pihenni a maradék kekszet, amíg ropogós nem lesz.
k) Tárolja légmentesen záródó edényben. Ezek is fagyaszthatóak!

27. Almacider paleo fánk

Gyártmány: 12 MINI-FÁNK

HOZZÁVALÓK:
PALEÓ FÁNK
- 1/2 teáskanál fahéj
- 1/2 teáskanál szódabikarbóna
- 1/8 teáskanál tengeri só
- 2 tojás
- néhány csepp stevia liqui d
- 1/2 csésze kókuszliszt
- 2 evőkanál mandulaolaj
- 1/2 csésze meleg almabor
- 2 evőkanál ghí, olvasztott – bevonáshoz

FAHÉJES CUKOR
- 1/2 csésze granulált kókuszcukor
- 1 evőkanál fahéj

UTASÍTÁS:
a) A fánksütőt előmelegítjük.
b) Keverjük össze a kókuszlisztet, a szódabikarbónát, a fahéjat és a sót.
c) Egy másik tálban habosra keverjük a tojást, az olajat és a steviát .
d) A száraz hozzávalókat összekeverjük a nedves hozzávalókkal együtt almabor .
e) A fánktésztát belekanalazzuk a fánksütőbe.
f) 3 percig főzzük .
g) A fánkokat olvasztott ghí-vel/vajjal/mandulaolajjal lekenjük .
h) Dobd meg a fánkot a fahéj/kókuszcukor keverékkel .

28. Matcha kesudió csészék

ÖSSZETEVŐK:

- ⅔ csésze kakaóvaj
- 3/4 csésze kakaópor
- ⅓ csésze juharszirup
- ½ csésze kesudió vaj
- 2 teáskanál matcha por
- Tengeri só

UTASÍTÁS:

a) Tölts meg egy kis serpenyőt ⅓ csésze vízzel, és helyezz a tetejére egy tálat, lefedve az edényt. Amikor a tál felforrósodott, olvasszuk fel a kakaóvajat a tálban. Ha felolvadt, vegyük le a tűzről, és pár percig keverjük hozzá a juharszirupot és a kakaóport, amíg a csokoládé besűrűsödik.

b) Egy közepes méretű cupcake tartó segítségével töltse meg az alsó réteget egy bő evőkanál csokis keverékkel.

c) Fagyassza le 15 percig, hogy megdermedjen.

d) Vegyük ki a fagyasztott csokoládét a fagyasztóból, és 1 evőkanálnyi matcha/kesudióvajas tésztát tegyünk a fagyasztott csokoládéréteg tetejére.

e) Megszórjuk tengeri sóval, és 15 percig a fagyasztóban pihentetjük.

29. Juhar pekándió zsír bombaszeletek

Gyártmány : 12

ÖSSZETEVŐK:
- 2 csésze pekándió fél
- 1 csésze mandulaliszt
- ½ csésze arany lenmag őrlemény
- ½ csésze cukrozatlan kókuszreszelék
- ½ csésze kókuszolaj
- ¼ csésze juharszirup
- ¼ teáskanál folyékony Stevia

UTASÍTÁS:
a) Melegítse elő a sütőt 350 °F-ra, és süsse meg a pelikán feleket 5 percig.
b) Vegye ki a pekándiót a sütőből, és tegye műanyag zacskóba. Sodrófával összetörjük őket, hogy darabokra vágjuk őket.
Egy keverőtálban keverjük össze a száraz hozzávalókat a mandulalisztet, az arany lenmagdarat és a kókuszreszeléket és a zúzott pekándiót.
Adjuk hozzá a kókuszolajos juharszirupot és a folyékony steviát. Keverje össze az összes hozzávalót egy nagy keverőtálban, amíg omlós tésztát nem kap.
c) Tegye a tésztát egy serpenyőbe, és nyomja le.
d) Süssük 15 percig 350 F-on, vagy amíg az oldala finoman megpirul.
e) Lapát segítségével 12 szeletre vágjuk és tálaljuk.

30.K karfiol előételek

Gyártmány : 8

ÖSSZETEVŐK:
- 14 uncia karfiol florets , apróra vágva
- 3 közepes szárú újhagyma
- 3 uncia Shredded White Cheddar
- ½ csésze mandulaliszt
- ½ teáskanál Só
- 3/4 teáskanál bors
- ½ teáskanál pirospaprika pehely
- ½ teáskanál tárkony, szárított
- ¼ teáskanál fokhagyma por
- 3 evőkanál olívaolaj
- 2 teáskanál Chia mag

UTASÍTÁS:
a) Melegítsük elő a sütőt 400 Fahrenheit fokra.
b) Egy műanyag zacskóban keverje össze a karfiol virágokat, az olívaolajat, a sót és a borsot. Erősen rázzuk össze, amíg a karfiol egyenletesen be nem vonódik.
c) A karfiol rózsákat egy fóliával bélelt tepsire öntjük. Utána 5 percig sütjük.
d) Adja hozzá a pirított karfiolt aprítógéphez, és párszor pörgesse fel, hogy széttörje.
e) Egy keverőtálban keverje össze az összes hozzávalót (mandulaliszt), amíg ragadós keveréket nem kap.
f) A karfiol keverékből pogácsákat készítünk, és mandulaliszttel megkenjük .
g) Süssük 400°F-on 15 percig, vagy amíg a külseje ropogósabb lesz.
h) tálalás előtt kicsit félretesszük hűlni !

31. Édesburgonyás pirítósok

ÖSSZETEVŐK:
- 2 nagy édesburgonya, szeletelve.
- ¼ hüvelyk vastag szeletekre.
- 1 evőkanál avokádó olaj.
- 1 teáskanál só ½ csésze guacamole.
- ½ csésze tom atoe, szeletelve.

UTASÍTÁS:
a) Melegítse elő a sütőt 425 ° F-ra.
b) Egy tepsit takarjunk ki sütőpapírral.
c) A burgonyaszeleteket olajjal és sóval bedörzsöljük, majd sütőlapra tesszük. Süssük 5 percig a sütőben, majd fordítsuk meg és süssük újra 5 percig.
d) A sült szeleteket guacamolával és paradicsommal tesszük meg.

32. Gyümölcsgolyók bourbonban

2 adagot készít

ÖSSZETEVŐK:
- ½ csésze dinnyegolyó
- ½ csésze félbevágott eper
- 1 evőkanál bourbon
- 1 evőkanál cukor
- ½ csomag aszpartám édesítőszer
- Friss menta szálak a díszítéshez

UTASÍTÁS:
a) Egy üvegedényben keverjük össze a dinnyegolyókat és az epret.
b) Dobd fel a bourbonnal, a cukorral és az aszpartámmal.
c) Fedjük le és tegyük hűtőbe tálalásig. A gyümölcsöt kanalazzuk a desszert edényekbe, és díszítsük mentalevéllel.

HÚS FŐVEZETÉK

33. Balzsames marhahús és gomba keverék

Gyártmány: 4

ÖSSZETEVŐK:
- 2 kiló marhahús, csíkokra vágva
- ¼ csésze balzsamecet
- 2 csésze marhahúsleves
- 1 evőkanál gyömbér, lereszelve
- ½ citrom leve
- 1 csésze barna gomba, szeletelve
- Csipetnyi sót és fekete borsot
- 1 teáskanál őrölt fahéj

UTASÍTÁS:
a) Lassú tűzhelyedben keverd össze az összes hozzávalót, fedd le, és főzd alacsony fokozaton 8 órán át.
b) Mindent szétosztunk a tányérok között, és tálaljuk.

34. Oregánó sertéshús keverék

Gyártmány: 4

ÖSSZETEVŐK:

- 2 kiló sertéssült
- 7 uncia paradicsompüré
- 1 db sárgahagyma apróra vágva
- 1 csésze marhahúsleves
- 2 evőkanál őrölt kömény
- 2 evőkanál olívaolaj
- 2 evőkanál friss oregánó, apróra vágva
- 1 evőkanál fokhagyma, darált
- ½ csésze friss kakukkfű apróra vágva

UTASÍTÁS:

a) Melegíts fel egy serpenyőt az olajjal közepesen magas lángon, add hozzá a sülteket, süsd 3 percig mindkét oldalát, majd tedd át a lassú tűzhelyre.

b) Hozzáadjuk a többi hozzávalót, kicsit átforgatjuk, lefedjük és alacsony lángon 7 órán át főzzük.

c) A sültet felszeleteljük, tányérok közé osztjuk és tálaljuk.

35. Egyszerű marhasült

Gyártmány: 10

ÖSSZETEVŐK:
- 5 kilós marhasült
- 2 evőkanál olasz fűszer
- 1 csésze marhahúsleves
- 1 evőkanál édes paprika
- 3 evőkanál olívaolaj

UTASÍTÁS:
a) Lassú tűzhelyedben keverd össze az összes hozzávalót, fedd le és főzd alacsony fokozaton 8 órán át.
b) Vágjuk ki a sülteket, osszuk szét a tányérok között, és tálaljuk.

36. Sertés és paprika chili

Gyártmány: 4

ÖSSZETEVŐK:
- 1 vöröshagyma, apróra vágva
- 2 kiló sertéshús, darált
- 4 gerezd fokhagyma, felaprítva
- 2 piros kaliforniai paprika, apróra vágva
- 1 zellerszár, apróra vágva
- 25 uncia friss paradicsom, meghámozva, összetörve
- ¼ csésze zöld chili, apróra vágva
- 2 evőkanál friss oregánó, apróra vágva
- 2 evőkanál chili por
- Csipetnyi sót és fekete borsot
- Egy csepp olívaolaj

UTASÍTÁS:
a) Melegíts fel egy serpenyőt az olajjal közepes-nagy lángon, és add hozzá a hagymát, a fokhagymát és a húst. Keverjük össze és pirítsuk 5 percig, majd tegyük át a lassú tűzhelybe.

b) Hozzáadjuk a többi hozzávalót, összeforgatjuk, lefedjük, és alacsony lángon 8 órán át főzzük.

c) Mindent tálakba osztunk és tálaljuk.

37. Édesburgonyás szalonnapüré

Gyártmány: 4

ÖSSZETEVŐK:
- 3 édesburgonya, meghámozva
- 4 uncia bacon, apróra vágva
- 1 csésze csirke alaplé
- 1 evőkanál vaj
- 1 teáskanál só
- 2 uncia parmezán, reszelve

UTASÍTÁS:
a) Az édesburgonyát felkockázzuk, és a serpenyőbe tesszük.
b) Adjunk hozzá csirkehúslevet, és zárjuk le a fedelet.
c) A zöldségeket puhára főzzük.
d) Ezt követően csepegtessük le a csirkehúslevet.
e) Az édesburgonyát burgonyanyomó segítségével pépesítjük. Adjuk hozzá a reszelt sajtot és a vajat.
f) Keverjük össze a sót és az apróra vágott szalonnát. A keveréket ropogósra sütjük (10-15 perc).
g) Adjuk hozzá a főtt szalonnát a tört édesburgonyához, és keverjük össze a kanál segítségével.
h) Az ételt melegen vagy melegen ajánlott tálalni.

38. Prosciutto-ba csomagolt mozzarella golyók

Gyártmány: 4

ÖSSZETEVŐK:
- 8 db cseresznye méretű mozzarella golyó
- 4 uncia bacon, szeletelve
- ¼ teáskanál őrölt fekete bors
- ¾ teáskanál szárított rozmaring
- 1 teáskanál vaj (⅛ egészséges zsír)

UTASÍTÁS:
a) A felszeletelt szalonnát megszórjuk őrölt fekete borssal és szárított rozmaringgal.
b) Tekerj minden mozzarella golyót a felszeletelt szalonnába, és rögzítsd fogpiszkálóval.
c) Megolvasztjuk a vajat.
d) A becsomagolt mozzarella golyókat megkenjük vajjal.
e) A tepsit kibéleljük sütőpapírral, és mozzarella golyókat rendezünk benne.
f) Süssük az ételt 10 percig 365 F-on.

39. Bulgur bárány húsgombóc

Gyártmány: 6

ÖSSZETEVŐK:

- 1 és ½ csésze görög joghurt
- ½ teáskanál kömény, őrölt
- 1 csésze uborka, felaprítva
- ½ teáskanál fokhagyma, darált
- Csipetnyi sót és fekete borsot
- 1 csésze bulgur
- 2 csésze víz
- 1 kilós bárány, darált
- ¼ csésze petrezselyem, apróra vágva
- ¼ csésze medvehagyma, apróra vágva
- ½ teáskanál szegfűbors, őrölt
- ½ teáskanál fahéjpor
- 1 evőkanál olívaolaj

UTASÍTÁS:

a) A bulgurt egy tálban keverjük össze a vízzel, fedjük le a tálat, hagyjuk állni 10 percig, csepegtessük le és tegyük át egy tálba.

b) Hozzáadjuk a húst, a joghurtot és az olaj kivételével a többi hozzávalót, jól elkeverjük, és ebből a keverékből közepes húsgombócokat formázunk.

c) Egy serpenyőben közepesen magas hőfokon olajat hevítünk, hozzáadjuk a húsgombócokat, mindkét oldalukat 7 percig sütjük, egy tálra rendezzük, és előételként tálaljuk.

40. Hummus darált báránnyal

Gyártmány: 8

ÖSSZETEVŐK:
- 10 uncia hummusz
- 12 uncia bárányhús, őrölt
- ½ csésze gránátalma mag
- ¼ csésze petrezselyem, apróra vágva
- 1 evőkanál olívaolaj

UTASÍTÁS:
a) Egy serpenyőben, közepes lángon olajat sütünk, hozzáadjuk a húst, és gyakran kevergetve 15 percig pirítjuk.

b) Egy tálra terítjük a humuszt, rákenjük a darált bárányhúst, rákenjük a gránátalma magokat és a petrezselymet is, és pita chipsekkel tálaljuk uzsonnának.

41. Bárány töltött avokádó

Gyártmány: 4

ÖSSZETEVŐK:
- 2 avokádó
- 1 ½ csésze darált bárány
- ½ csésze cheddar sajt
- ½ csésze parmezán sajt, reszelve
- 2 evőkanál mandula, apróra vágva
- 1 evőkanál koriander, apróra vágva
- 2 evőkanál olívaolaj
- 1 paradicsom, apróra vágva
- 1 jalapeno, apróra vágva
- Só és bors ízlés szerint
- 1 teáskanál fokhagyma apróra vágva
- 1 hüvelykes gyömbér, apróra vágva

UTASÍTÁS:
a) Vágja félbe az avokádót. Távolítsa el a magot, és kanalazzon ki egy kis húst, hogy később megtöltse.
b) Egy serpenyőben adjuk hozzá az olaj felét.
c) Dobd rá a gyömbért, a fokhagymát 1 percig.
d) Adjuk hozzá a bárányhúst, és forraljuk 3 percig.
e) Adjuk hozzá a paradicsomot, a koriandert, a parmezánt, a jalapenót, sózzuk, borsozzuk, és főzzük 2 percig.
f) Vedd le a tűzről. Töltsük meg az avokádót.
g) Szórjuk meg a mandulát, a cheddar sajtot, és adjunk hozzá olívaolajat.
h) Tepsibe tesszük és 30 percig sütjük. Szolgál.

42. Sült marha cukkini

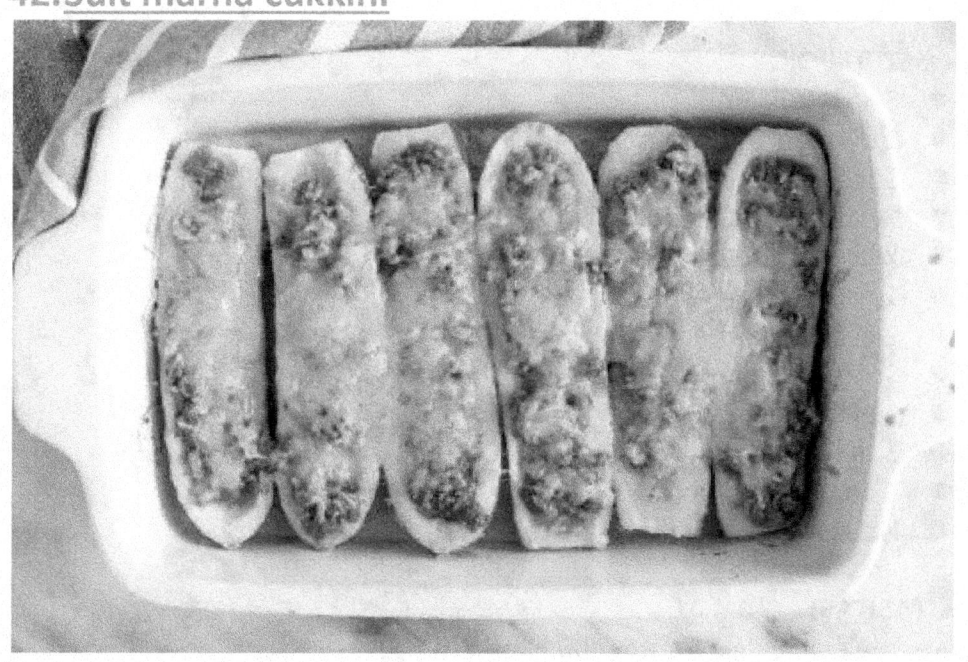

Gyártmány: 4

ÖSSZETEVŐK:
- 2 nagy cukkini
- 1 csésze darált marhahús
- 1 csésze gomba, apróra vágva
- 1 paradicsom, apróra vágva
- ½ csésze spenót, apróra vágva
- 1 evőkanál metélőhagyma, darálva
- 2 evőkanál olívaolaj
- Só és bors ízlés szerint
- 1 evőkanál mandulavaj
- 1 teáskanál fokhagyma por
- 1 csésze cheddar sajt, reszelve
- ⅓ teáskanál gyömbérpor

UTASÍTÁS:
a) Melegítsük elő a sütőt 400 F fokra.
b) Alufóliát teszünk egy tepsire.
c) A cukkinit félbevágjuk. Vágja ki a magokat, és készítsen zsebeket, hogy később megtömje őket.
d) Egy serpenyőben adjuk hozzá az olívaolajat.
e) Dobd barnára a marhahúst.
f) Adjuk hozzá a gombát, a paradicsomot, a metélőhagymát, a sót, a borsot, a fokhagymát, a gyömbért és a spenótot.
g) 2 percig főzzük. Vedd le a tűzről.
h) Töltsük meg a cukkinit a keverék segítségével.
i) Tegye őket a tepsire. A tetejére szórjuk a sajtot.
j) Adjuk hozzá a vajat a tetejére. 30 percig sütjük. Melegen tálaljuk.

43. Köményes-Lime Steak

Gyártmány: 4

ÖSSZETEVŐK:

- 20 Egyszer. Steak sovány bordaszemmel
- 6 db brokkoli teteje
- ½ csésze marhahúsleves
- ¼ evőkanál limelé
- 1 ½ kanál őrölt kömény
- 1 ½ kanál őrölt koriander
- 2 nagy, finomra vágott gerezd fokhagyma
- 3 font olívaolaj

UTASÍTÁS:

a) A pác összes hozzávalóját (az olaj kivételével) összekeverjük egy turmixgépben.

b) Lassan működő motorral öntsön olajat a keverőbe.

c) Hűtőbe tesszük és felhasználásig letakarjuk. Öntsön 1 csésze pácot a steakekre egy üvegedényben, minden oldalával letakarva.

d) Fedjük le és hagyjuk hűlni 6 órán át (vagy egy éjszakán át).

e) Közepes méretű parázson grillezzük, rendszeresen forgatva, és ½ csésze marináddal megtisztítjuk.

f) Az oldalát megpároljuk a brokkolit és tálaljuk.

44. Párolt nyakörv zöldek mogyorószószban

Gyártmány: 4

ÖSSZETEVŐK:
- 2 csésze csirke alaplé
- 12 csésze apróra vágott zöldfűszer
- 5 evőkanál porított mogyoróvaj
- 3 gerezd fokhagyma, összetörve
- 1 teáskanál sót
- ½ teáskanál szegfűbors
- ½ teáskanál fekete bors
- 2 teáskanál citromlé
- ¾ teáskanál forró szósz
- 1 ½ kiló sertés szűzpecsenye

UTASÍTÁS:
a) Vegyünk egy edényt szorosan záródó fedővel, és keverjük össze a gallérokat a fokhagymával, a csirke alaplével, a csípős szósszal, valamint a bors és a só felével.
b) Lassú tűzön főzzük 60 percig.
c) Ha a gallérok megpuhultak, keverjük hozzá a citromlevet a szegfűborshoz.
d) És porított mogyoróvaj.
e) Tartsd melegen.
f) Fűszerezze a sertés szűzpecsenyét a maradék borssal és sóval, és pirítós sütőben süsse 10 percig, amikor a belső hőmérséklet 145 F.
g) Ügyeljen arra, hogy 2 percenként fordítsa meg a szűzpecsenyét, hogy egyenletesen piruljon.
h) Ezután kiveheti a sertéshúst a sütőből, és 5 percig pihentetheti.
i) A sertéshúst tetszés szerint szeleteljük fel, és a párolt zöldek tetejére tálaljuk.

45. Magas fehérjetartalmú Chipotle Cheddar Quesadilla

Gyártmány: 4

ÖSSZETEVŐK:

- Tortilla
- 2 csésze túró
- 2 csésze cheddar sajt
- 1 kaliforniai paprika
- 1 csésze portobello gomba
- 2-3 evőkanál Chipotle fűszerezés
- Enyhe salsa, mártáshoz

UTASÍTÁS:

a) Adja hozzá a kaliforniai paprikát (szeletekre vágva, piros) és a gombát (szeletekre vágva) egy nagy grillserpenyőbe, közepes lángon.
b) Körülbelül 10 percig főzzük puhára. Vegye ki, majd tegye át egy tálba (közepes). Félretesz, mellőz.
c) Egy kis tálkában hozzáadjuk a chipotle fűszert és a túrót. Jól keverjük össze, hogy bedolgozzuk.
d) Helyezze a tortillákat a grillserpenyőre, és öntse a zöldségkeveréket a tortillára.
e) A tetejére szórjuk a túrós keveréket, majd a tetejére cheddar sajtot használunk (reszelve).
f) Helyezzen egy további tortillát a töltelék tetejére.
g) Körülbelül 2 percig főzzük, majd megfordítjuk, és tovább főzzük még egy percig.
h) Ismételje meg a folyamatot a maradék tortillákkal és a töltelékkel.
i) Azonnal tálaljuk a salsával (enyhe).

46. Marha-csirke húsgombóc rakott

Gyártmány: 7

ÖSSZETEVŐK:

- 1 padlizsán
- 10 uncia darált csirke
- 8 uncia darált marhahús
- 1 teáskanál darált fokhagyma
- 1 teáskanál őrölt fehér bors
- 1 paradicsom
- 1 tojás
- 1 evőkanál kókuszliszt
- 8 uncia parmezán, aprítva
- 2 evőkanál vaj
- ⅓ csésze krém

UTASÍTÁS:

a) Keverje össze a darált csirkét és a darált marhahúst egy nagy tálban.
b) Adjuk hozzá a darált fokhagymát és az őrölt fehér borsot.
c) A tálban felütjük a tojást a darált húskeverékkel, és óvatosan keverjük, amíg jól össze nem áll.
d) Ezután adjuk hozzá a kókuszlisztet és keverjük össze.
e) A darált húsból kis húsgombócokat készítünk.
f) Melegítse elő a légsütőt 360 F-ra.
g) A légsütő kosártálcáját meglocsoljuk a vajjal, és felöntjük a tejszínnel.
h) A padlizsánt meghámozzuk és feldaraboljuk.
i) A húsgombócokat a tejszínre tesszük, és megszórjuk az apróra vágott padlizsánnal.
j) Szeleteljük fel a paradicsomot, és helyezzük a padlizsánra.
k) A felszeletelt paradicsomra készítünk egy réteg reszelt sajtot.
l) Tegye a tepsit a légsütőbe, és süsse 21 percig.
m) Tálalás előtt hagyjuk szobahőmérsékletűre hűlni a tepsit.

47. Citromos sült burgonya

Gyártmány: 5

ÖSSZETEVŐK:
- 3 csésze csirkehúsleves
- ½ teáskanál őrölt fekete bors
- 1 teáskanál oregánó
- 2 teáskanál sót
- 2 citrom, a levét ki kell húzni
- ⅓ csésze olívaolaj
- 3 kiló burgonyát meg kell hámozni és szeletekre vágni

UTASÍTÁS:
a) Melegítse elő a sütőt 400 F-ra

b) Vegyünk egy nagy tálat, és tegyük bele az összes burgonyaszeletet. Permetezzen citromlével és olívaolajjal a szeletekre, és dobja össze őket, hogy bevonja. Ezután fűszerezzük a burgonyát fekete borssal, oregánóval és sóval, és még egyszer dobjuk fel, hogy bundája legyen.

c) Vegyünk egy 2 hüvelyk mély serpenyőt, és egyetlen sorban terítsük szét benne a burgonyaszeleteket. Ezután öntsük a csirkehúslevest a burgonya tetejére.

d) A burgonyát a már előmelegített sütőben kb 1 óra alatt aranybarnára és puhára sütjük.

48. Olasz csirke süti

Gyártmány: 6

ÖSSZETEVŐK:
- ¼ csésze parmezán sajt
- ½ csésze alacsony zsírtartalmú natúr görög joghurt
- 4 evőkanál krémsajt
- 1 csésze alacsony szénhidráttartalmú paradicsomszósz
- ½ teáskanál olasz fűszerkeverék
- ½ teáskanál fokhagymapor
- 10 uncia aprított csirke

UTASÍTÁS:
a) Melegítse elő a sütőt 350 F-ra
b) Vegyünk egy kiolajozott üvegtálat, és helyezzük rá a már felaprított csirkét.
c) A többi hozzávalót a parmezán kivételével összekeverjük
d) Öntse a paradicsomszósz keveréket a csirkére
e) Majd megszórjuk parmezán sajttal
f) Süssük 25-30 percig, vagy amíg a tepsiből el nem kezdenek buborékok lenni.

49. Sovány és zöld ropogós csirke taco

Gyártmány: 4

ÖSSZETEVŐK:
- ½ csésze alacsony nátriumtartalmú csirkealaplé
- 2 csirkemell, darálva
- 1 gerezd fokhagyma, felaprítva
- 3 szilvás paradicsom apróra vágva
- 1 teáskanál köménypor
- 1 teáskanál fahéjpor
- 1 teáskanál őrölt koriander
- ½ piros chili, apróra vágva
- 1 evőkanál limelé
- 1 érett avokádó húsa
- 1 uborka

UTASÍTÁS:
a) Tegyünk egy evőkanál csirkehúslevet egy serpenyőbe, és közepes lángon melegítsük. Pároljuk vízben a csirkét, a fokhagymát és a paradicsomot 4 percig, vagy amíg a paradicsom megfonnyad.

b) Fűszerezzük köménnyel, fahéjjal és korianderrel. Csökkentse a hőt alacsonyra, és főzze további 5 percig. Tegyük félre, és hagyjuk kihűlni.

c) Hozzákeverjük a hagymát, a chilit, a lime levét és a tört avokádót. Ez a salsa.

d) Kikanalazzuk a salsát és a tetejére szeletelt uborkát. A tetejére főtt csirkét teszünk.

50. Csirke és pulyka fasírt

Gyártmány: 9

ÖSSZETEVŐK:
- 3 evőkanál vaj
- 10 uncia őrölt pulyka
- 7 uncia darált csirke
- 1 teáskanál szárított kapor
- ½ teáskanál őrölt koriander
- 2 evőkanál mandulaliszt
- 1 evőkanál darált fokhagyma
- 3 uncia friss spenót
- 1 teáskanál só
- 1 tojás
- ½ evőkanál paprika
- 1 teáskanál szezámolaj

UTASÍTÁS:
a) Tegye a darált pulykát és csirkét egy nagy tálba.
b) A húst megszórjuk szárított kaporral, őrölt korianderrel, mandulaliszttel, darált fokhagymával, sóval és paprikával.
c) Ezután a friss spenótot apróra vágjuk, és a darált szárnyas keverékhez adjuk.
d) A tojást beleütjük a húsos keverékbe, és jól összekeverjük, amíg sima állagot nem kapunk.
e) Kenje ki a légsütő kosártálcáját olívaolajjal.
f) Melegítse elő a légsütőt 350 F-ra.
g) A darált húskeveréket óvatosan feltekerjük, hogy lapos réteget kapjunk.
h) Tegye a vajat a húsréteg közepére.
i) A darált húskeverékből készítsük el a fasírt formáját. Ehhez a lépéshez használja az ujjbegyeit.
j) Helyezze a fasírtot a légsütő kosártálcájába.
k) 25 percig főzzük.
l) Amikor a fasírt megsült, tálalás előtt hagyjuk pihenni.

51. Citromos fokhagymás oregánó csirke spárgával

Gyártmány: 4

ÖSSZETEVŐK:
- 1 kis citrom levében
- 1 ¾ font csontos, bőr nélküli csirkecomb
- 2 evőkanál friss oregánó, darálva
- 2 gerezd fokhagyma, felaprítva
- 2 font. spárgából, vágva
- ¼ teáskanál fekete borshoz és sózáshoz

UTASÍTÁS:
a) Melegítse elő a sütőt körülbelül 350 °F-ra.
b) Tegye a csirkét egy közepes méretű tálba. Most adjuk hozzá a fokhagymát, az oregánót, a citromlevet, a borsot és a sót, és keverjük össze.
c) Süssük a csirkét légsütő sütőben, amíg körülbelül 40 perc alatt el nem éri a 165 °F belső hőmérsékletet. Ha megsült a csirkecomb, kivesszük és félretesszük pihenni.
d) Most gőzölje meg a spárgát főzőlapon vagy mikrohullámú sütőben a kívánt készre.
e) A spárgát a sült csirkecombokhoz tálaljuk.

52. Csirke kókuszos Poppers

Gyártmány: 6

ÖSSZETEVŐK:
- ½ csésze kókuszliszt
- 1 teáskanál chili pehely
- 1 teáskanál őrölt fekete bors
- 1 teáskanál fokhagyma por
- 11 uncia csirkemell, csont nélkül, bőr nélkül
- 1 evőkanál olívaolaj

UTASÍTÁS:
a) A csirkemellet jókora kockákra vágjuk, és egy nagy tálba tesszük.
b) A csirkekockákat megszórjuk chili pehellyel, őrölt fekete borssal, fokhagymaporral, majd kézzel jól összeforgatjuk.
c) Ez után szórjuk meg a csirkekockákat a mandulaliszttel.
d) Óvatosan rázza fel a tálat a csirkekockákkal, hogy bevonja a húst.
e) Melegítse elő a légsütőt 365 F-ra.
f) Kenje ki a légsütő kosártálcáját olívaolajjal.
g) Helyezze bele a csirkekockákat.
h) Főzzük a csirkemellet 10 percig.
i) 5 perc főzés után fordítsa meg a csirkepoppereket.
j) Tálalás előtt hagyja kihűlni a főtt csirkepoppereket.

53. Csirkehéjú Margherita Pizza

Gyártmány: 2

ÖSSZETEVŐK:

- ¼ csésze apróra vágott bazsalikom
- 2 db szilvás paradicsom, szeletelni kell
- ½ csésze hozzáadott cukor nélküli paradicsomszósz (mint például a Rao's Homemade)
- ½ teáskanál olasz fűszerkeverék
- 2 evőkanál reszelt parmezán sajt
- 1 tojás
- ½ kiló őrölt csirkemell

UTASÍTÁS:

a) Melegítsük elő a sütőt 400 F-ra.

b) Egy közepes méretű tálban keverjük össze a darált csirkemellet, a tojást, a parmezánt és az olasz fűszereket. Ezután sütőpapírral bélelt, de enyhén kivajazott tepsiben vékony és kör alakú kéreg alakúra formázzuk a csirkemeveréket. Körülbelül 20 percig sütjük, amikor aranybarnára kellett volna válnia.

c) Tetejét paradicsomszeletekkel, sajttal és szósszal megkenjük, és kb. 7-10 perc alatt addig sütjük, amíg a sajt megolvad.

d) Majd tálalás előtt megkenjük friss bazsalikommal.

54. Chicken Stir Fry

Gyártmány: 4

ÖSSZETEVŐK:

- ½ csésze csirkeleves, alacsony nátriumtartalommal
- 12 uncia bőr nélküli csirkemell, csíkokra vágva
- 1 csésze piros kaliforniai paprika kimagozva és apróra vágva
- 8 uncia (1 csésze) brokkoli rózsákra vágva
- 1 teáskanál törött pirospaprika

UTASÍTÁS:

a) Öntsön egy kis mennyiségű csirkehúslevest egy serpenyőbe. Közepes lángon felforrósítjuk és belekeverjük a csirkét.
b) Folyamatos keverés mellett vízben pároljuk a csirkét legalább 5 percig.
c) Tegye bele a többi hozzávalót és keverje össze.
d) Fedjük le és főzzük további 5 percig.

55. Görög szigeti csirke Shish Kebab

Gyártmány: 6

ÖSSZETEVŐK:

- 12 közepes üres gomba
- 12 koktélparadicsom
- 2 nagy piros vagy zöld kaliforniai paprika, szeletelve
- 2 kiló bőr nélküli, csont nélküli csirkemell
- ¼ teáskanál őrölt fekete bors
- ¼ teáskanál sót
- ½ teáskanál szárított kakukkfű
- 1 teáskanál szárított oregánó
- 1 teáskanál őrölt kömény
- 2 gerezd fokhagyma, aprítandó
- ¼ csésze fehér ecet
- ¼ csésze citromlé
- ¼ csésze olívaolaj

UTASÍTÁS:

a) Keverje össze a fekete borsot, sót, kakukkfüvet, oregánót, köményt, fokhagymát, ecetet, citromlevet és olívaolajat egy nagy kerámia tálban vagy pohárban. Hozzáadjuk a csirkét, és alaposan összeforgatjuk.

b) Vegyünk egy műanyag fóliát, hogy lefedje a tálat, és tegyük be a hűtőszekrénybe, hogy legalább 2 órára pácolódjon.

c) Tegye vízbe a fa nyársakat, és áztassa körülbelül 30 percig, mielőtt felhasználná őket.

d) Szerezzen be egy kültéri grillt, enyhén olajozza be a rácsot, és melegítse elő közepesen magas hőfokon.

e) Vegye ki a csirkét a pácból, és távolítsa el belőle a felesleges folyadékot. Ezután öntsük le a maradék pácot. Ezután a pácolt csirkét gombával, koktélparadicsommal, hagymával és kaliforniai paprikával a nyársra fűzzük.

f) Ezután tedd a nyársakat a már előmelegített grillre és süsd meg, forgasd meg amilyen gyakran csak lehet, amíg minden oldala megbarnul, várj kb 10 percet, amíg a csirke már nem lesz rózsaszín a közepétől.

56. Chicken Kabobs Mexicana

Gyártmány: 4

ÖSSZETEVŐK:
- 10 koktélparadicsom
- 1 piros kaliforniai paprika, 1 hüvelykes darabokra kell vágni
- 1 kis cukkini ½ hüvelykes szeletekre kell vágni
- 2 mellfél, eltávolítva a csontot és a bőrt
- Fekete bors és só ízlés szerint
- 1 lime, levét kell kinyomni
- 2 evőkanál apróra vágott friss koriander
- 1 teáskanál őrölt kömény
- 2 evőkanál olívaolaj

UTASÍTÁS:
a) Vegyünk egy sekély edényt, és keverjük össze benne a lime levét, az apróra vágott koriandert, a köményt és az olívaolajat. Ezután borssal és sóval ízesítjük. Adjuk hozzá a csirkét, és ügyeljünk arra, hogy jól keverjük össze. Fedjük le fedővel legalább 1 órán át.
b) Hagyja előmelegíteni a grillét magas lángon.
c) A paradicsomot, a pirospaprikát, a hagymát, a cukkinit és a csirkét nyársra fűzzük.
d) Olajjal kenje meg a grillsütőt, és helyezze el a nyársakat a forró rácson. Hagyja körülbelül 10 percig főzni, amíg a csirke teljesen meg nem fő. Időközönként meg kell forgatni, hogy minden oldala jól átsüljön.

57. Nyári csirke burgerek

Gyártmány: 7

ÖSSZETEVŐK:
- 4 szelet provolon sajt
- 4 evőkanál majonéz
- 4 tekercs (üres) hamburger zsemle
- Só és bors ízlés szerint
- 4 mellfél csont és bőr eltávolításával, csont nélküli, bőr nélküli csirkemell fele
- 1 nagy Vidalia hagyma, karikákra szeletelve
- 1 evőkanál vaj
- 1 evőkanál citromlé
- 1 érett avokádó, szeletelni kell

UTASÍTÁS:
a) Vegyünk egy kis tálat, és keverjük össze a citromlevet és a szeletelt avokádót. Adjunk hozzá vizet, amíg el nem fedi, majd tegyük félre. Szerezz egy kültéri grillezőt, kenj rá egy könnyű olajat, és melegítsd elő magas hőfokon.

b) Tegye a vajat egy nagy, nehéz serpenyőbe, és tegye közepes-magas hőre. A hagymát pirítsd addig, amíg barna és karamellizálódik, majd tedd félre.

c) A csirkét borssal és sóval ízesítjük. Helyezze rácsra, és hagyja főni, amíg a leve meg nem szárad, és már nem lesz rózsaszín, körülbelül 5 percet fordítva mindkét oldalra. Helyezze a zsemlét a grillre, amíg meg nem pirulnak.

d) Ezután kenjük meg a zsemléket ízlés szerint majonézzel, majd rétegezzük avokádóval, provolonnal, karamellizált hagymával és csirkével.

58. Garnélarák fokhagymával

Gyártmány: 2

ÖSSZETEVŐK:
- 1 font garnélarák
- ¼ teáskanál szódabikarbóna
- 2 evőkanál olaj
- 2 teáskanál darált fokhagyma
- ¼ csésze vermut
- 2 evőkanál sótlan vaj
- 1 teáskanál petrezselyem

UTASÍTÁS:
a) Egy tálba dobjuk a garnélarákot szódabikarbónával és sóval, hagyjuk állni pár percig
b) Egy serpenyőben felforrósítjuk az olívaolajat, és hozzáadjuk a garnélarákot
c) Adjuk hozzá a fokhagymát, a pirospaprika pelyhet, és főzzük 1-2 percig
d) Adjunk hozzá vermutot, és főzzük további 4-5 percig
e) Ha kész, levesszük a tűzről és tálaljuk

59. Moules Marinieres

Gyártmány: 4

ÖSSZETEVŐK:
- 2 evőkanál sótlan vaj
- 1 póréhagyma
- 1 medvehagyma
- 2 gerezd fokhagyma
- 2 babérlevél
- 1 csésze fehérbor
- 2 kiló kagyló
- 2 evőkanál majonéz
- 1 evőkanál citromhéj
- 2 evőkanál petrezselyem
- 1 kovászos kenyér

UTASÍTÁS:
a) Egy serpenyőben olvasszuk meg a vajat, adjuk hozzá a póréhagymát, fokhagymát, babérlevelet, medvehagymát, és főzzük, amíg a zöldségek megpuhulnak
b) Forraljuk fel, adjuk hozzá a kagylót, és főzzük 1-2 percig
c) Tedd át a kagylót egy tálba, és fedd le
d) Keverje ki a maradék vajat majonézzel, és tegye vissza a kagylót az edénybe
e) Hozzáadjuk a citromlevet, a petrezselymet, a citromhéjat, és összekeverjük

60. Párolt kagyló kókuszos-curryval

Gyártmány: 4

ÖSSZETEVŐK:

- 6 szál koriander
- 2 gerezd fokhagyma
- 2 medvehagyma
- ¼ teáskanál koriandermag
- ¼ teáskanál piros chili pehely
- 1 teáskanál héja
- 1 doboz kókusztej
- 1 evőkanál növényi olaj
- 1 evőkanál curry paszta
- 1 evőkanál barna cukor
- 1 evőkanál halszósz
- 2 kiló kagyló

UTASÍTÁS:

a) Egy tálban keverjük össze a lime héját, a koriander szárát, a medvehagymát, a fokhagymát, a koriandermagot, a chilit és a sót
b) Egy serpenyőben felforrósítjuk az olajat, hozzáadjuk a fokhagymát, a mogyoróhagymát, az áttört pasztát és a curryt
c) 3-4 percig főzzük, hozzáadjuk a kókusztejet, a cukrot és a halszószt
d) Forraljuk fel, és adjuk hozzá a kagylót
e) Hozzákeverjük a lime levét, a korianderleveleket, és még pár percig főzzük
f) Ha kész, levesszük a tűzről és tálaljuk.

61. Tonhal tészta rakott

Gyártmány: 4

ÖSSZETEVŐK:
- 2 uncia tojásos tészta
- 4 uncia fraiche
- 1 tojás
- 1 evőkanál leve 1 citromból
- 1 doboz tonhal
- ¼ csésze petrezselyem

UTASÍTÁS:
a) Tegye a tésztát egy lábosba vízzel, és forralja fel
b) Egy tálban keverjük össze a tojást, a crème fraiche-t és a citromlevet, majd jól keverjük össze
c) Amikor megfőtt a tészta, adjuk hozzá a crème fraiche keveréket a serpenyőbe, és jól keverjük össze
d) Hozzáadjuk a tonhalat, a petrezselymes citromlevet és jól összekeverjük
e) Ha kész, levesszük a tűzről és tálaljuk.

62. Lazac Burgerek

Gyártmány: 4

ÖSSZETEVŐK:

- 1 kiló lazacfilé
- ¼ kaporlevél
- 1 evőkanál méz
- 1 evőkanál torma
- 1 evőkanál mustár
- 1 evőkanál olívaolaj
- 2 pirított osztott tekercs
- 1 avokádó

UTASÍTÁS:

a) A lazacfiléket turmixgépbe tesszük, és simára turmixoljuk, áttesszük egy tálba, hozzáadjuk a kaprot, a mézet, a tormát és jól összedolgozzuk.
b) Sózzuk, borsozzuk és 4 pogácsát formázunk belőle
c) Egy tálban keverjük össze a mustárt, a mézet, a majonézt és a kaprot
d) Egy serpenyőben olajat hevítünk, hozzáadjuk a lazacpogácsákat, és oldalanként 2-3 percig sütjük
e) Ha kész, levesszük a tűzről
f) A salátát és a hagymát elosztjuk a zsemlék között
g) Helyezzen lazacpogácsát a tetejére, és kanalazzon rá mustárkeveréket és avokádó szeleteket

63. Sült fésűkagyló

Gyártmány: 4

ÖSSZETEVŐK:
- 1 font tengeri kagyló
- 1 evőkanál repceolaj

UTASÍTÁS:
a) Fűszerezzük a tengeri herkentyűket, és tegyük hűtőbe pár percre
b) Egy serpenyőben olajat hevítünk, hozzáadjuk a tengeri herkentyűket, és oldalanként 1-2 percig sütjük
c) Ha kész, levesszük a tűzről és tálaljuk

64. Fekete tőkehal

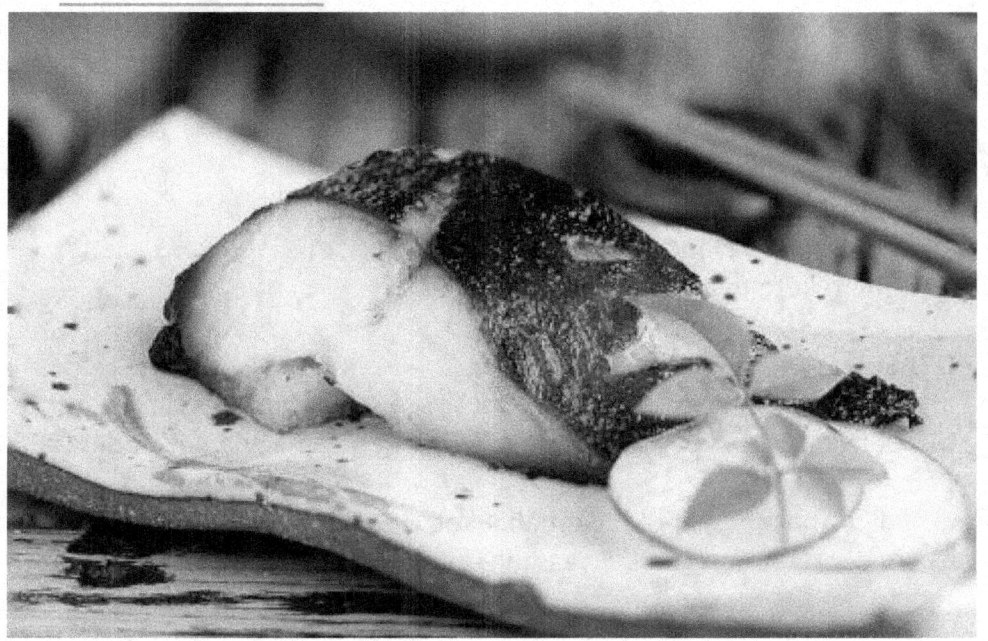

Gyártmány: 4

ÖSSZETEVŐK:
- ¼ csésze miso paszta
- ¼ csésze szaké
- 1 evőkanál mirin
- 1 teáskanál szójaszósz
- 1 evőkanál olívaolaj
- 4 db fekete tőkehal filé

UTASÍTÁS:
a) Egy tálban keverjük össze a misót, a szójaszószt, az olajat és a szakét
b) Dörzsölje át a keverékkel a tőkehalfiléket, és hagyja pácolódni 20-30 percig
c) Állítsa be a brojler- és tőkehalfiléket 10-12 percig
d) Amikor a hal megsült, kivesszük és tálaljuk

65. Miso-mázas lazac

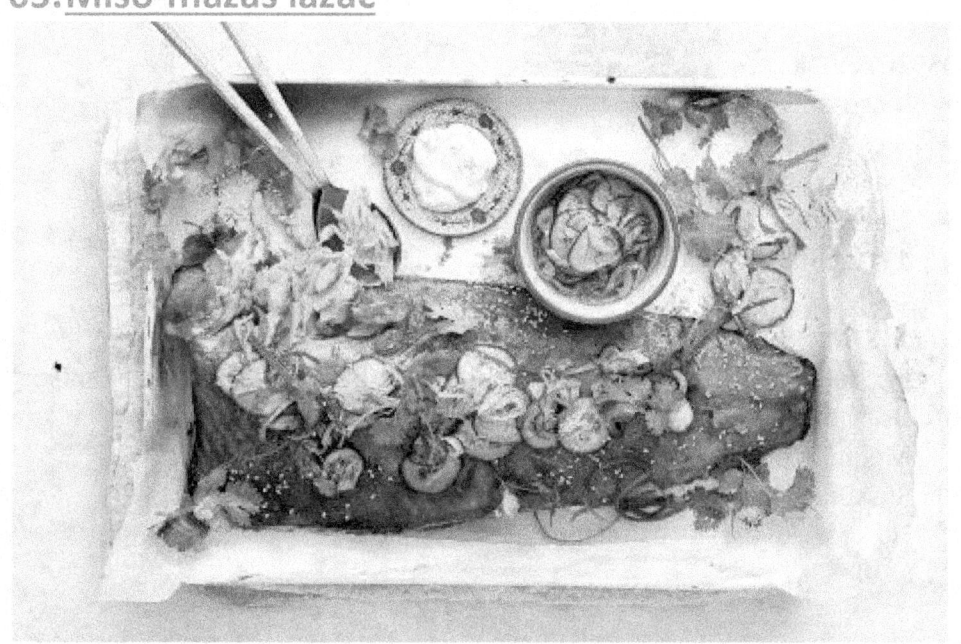

Gyártmány: 4

ÖSSZETEVŐK:
- ¼ csésze vörös miso
- ¼ csésze szaké
- 1 evőkanál szójaszósz
- 1 evőkanál növényi olaj
- 4 lazac filé

UTASÍTÁS:
a) Egy tálban keverjük össze a szakét, az olajat, a szójaszószt és a misót
b) Dörzsölje a keveréket a lazacfilére, és pácolja 20-30 percig
c) Melegíts elő egy brojlert
d) Süssük a lazacot 5-10 percig
e) Ha kész, kivesszük és tálaljuk

NÖVÉNYI FŐVEZETÉK

66. Cukkinis tészta bazsalikomos pestoval

Gyártmány: 4

ÖSSZETEVŐK:
- 2 közepes cukkini, spirálozva
- 2 csésze bazsalikomlevél
- 1 citrom leve, frissen facsart
- 3 gerezd fokhagyma, felaprítva
- ½ csésze kesudió, egy éjszakán át vízbe áztatva, majd lecsepegtetve

UTASÍTÁS:
a) A cukkini csíkokat tányérra helyezzük.
b) A többi hozzávalót aprítógépbe tesszük, és simára verjük.
c) A cukkinire öntjük a szószt és tálaljuk.

67. Brokkoli és paradicsom

Gyártmány: 3

ÖSSZETEVŐK:
- 1 fej brokkoli, rózsákra vágva, majd kifehérítve
- ¼ csésze paradicsom, kockára vágva
- Só és bors ízlés szerint
- Díszítésnek apróra vágott petrezselyem

UTASÍTÁS:
a) Tegye az összes hozzávalót egy tálba.
b) Dobd fel, hogy bevonja az összes hozzávalót.
c) Szolgál.

68. Cukkini Fettuccine mexikói tacóval

Gyártmány: 6

ÖSSZETEVŐK:
- 1 evőkanál olívaolaj
- 1 kilós sovány őrölt pulyka
- 1 gerezd fokhagyma, felaprítva
- 1 evőkanál chili por
- ¼ teáskanál fokhagymapor
- ¼ teáskanál hagymapor
- ¼ teáskanál szárított oregánó
- 1 ½ teáskanál őrölt kömény
- ¼ csésze víz
- ¼ csésze kockára vágott paradicsom
- 2 nagy cukkini, spirálozva
- ½ csésze reszelt cheddar sajt

UTASÍTÁS:
a) Egy edénybe olajat teszünk, és közepes lángon felhevítjük.
b) Pároljuk a pulykát 2 percig, mielőtt hozzáadnánk a fokhagymát és a hagymát. Még egy percig keverjük.
c) Ízesítsük chiliporral, fokhagymaporral, hagymaporral, oregánóval és őrölt köménnyel. Pároljuk még egy percig
d) mielőtt hozzáadja a vizet és a paradicsomot.
e) Zárja le a fedőt, és hagyja 7 percig párolni.
f) Adjuk hozzá a cukkinit és a sajtot, és hagyjuk még 3 percig főni.

69. Zöldbab

Gyártmány: 4

ÖSSZETEVŐK:
- 11 uncia zöldbab
- 1 evőkanál hagymapor
- 1 evőkanál olívaolaj
- ½ teáskanál só
- ¼ teáskanál pirospaprika pehely

UTASÍTÁS:
a) A zöldbabot alaposan mossuk meg és tegyük a tálba.
b) Szórjuk meg a zöldbabot oroszlánporral, sóval, chilivel és olívaolajjal.
c) Óvatosan rázza fel a zöldbabot.
d) Melegítse elő a 400F léghűtőt.
e) Helyezze a zöldbabot az olajsütőbe, és főzze 8 percig.
f) Ezután rázza fel a zöldbabot, és főzze 4 percig vagy tovább 400 F-on.

70. Gombakrém Satay

Gyártmány: 6

ÖSSZETEVŐK:
- 7 uncia cremini gomba
- 2 evőkanál kókusztej
- 1 evőkanál vaj
- 1 teáskanál chili pehely
- ½ teáskanál balzsamecet
- ½ teáskanál curry por
- ½ teáskanál fehér bors

UTASÍTÁS:
a) A gombát alaposan megmossuk.
b) Ezután szórjuk meg a gombát chilipelyhekkel, curryporral és fehér borssal.
c) Melegítse elő a légsütőt 400 F-ra.
d) Dobja a vajat a légsütő kosárba, és olvassa fel.
e) Tegye a gombát a légsütőbe, és süsse 2 percig.
f) A gombát jól rázzuk fel, és meglocsoljuk a kókusztejjel és a balzsamecettel.
g) Főzzük a gombát még 4 percig 400 F-on.
h) Ezután a gombát felnyársaljuk a farudakra, és tálaljuk.

71.Lencse Hamburger sárgarépával

Gyártmány: 4

ÖSSZETEVŐK:
- 6 uncia lencse, főtt
- 1 tojás
- 2 uncia sárgarépa, lereszelve
- 1 teáskanál búzadara
- ½ teáskanál só
- 1 teáskanál kurkuma
- 1 evőkanál vaj

UTASÍTÁS:
a) A tojást felütjük a tálba, és felverjük.
b) Hozzáadjuk a megfőtt lencsét, és a villát pépesítjük.
c) Ezután szórjuk meg a keveréket a reszelt sárgarépával, búzadarával, sóval és kurkumával.
d) Keverjük össze, és készítsük el a közepes hamburgert.
e) Tegye a vajat a lencsehamburgerbe. Ettől szaftosak lesznek.
f) Melegítse elő a légsütőt 360 F-ra.
g) Tedd a lencsehamburgert a légsütőbe, és főzd 12 percig.
h) 6 perc főzés után fordítsa át a hamburgereket a másik oldalára.
i) Ezután hűtsük le a főtt lencsehamburgert, és tálaljuk.

72. Rántott édesburgonya parmezánnal

Gyártmány: 2

ÖSSZETEVŐK:

- 2 édesburgonya, meghámozva
- ½ sárgahagyma, szeletelve
- ½ csésze tejszín
- ¼ csésze spenót
- 2 uncia parmezán sajt, reszelve
- ½ teáskanál só
- 1 paradicsom
- 1 teáskanál olívaolaj

UTASÍTÁS:

a) Vágja fel az édesburgonyát.
b) Vágja fel a paradicsomot.
c) A spenótot apróra vágjuk.
d) Permetezze be a légsütő tálcáját olívaolajjal.
e) Ezután helyezzük a feldarabolt édesburgonya rétegére.
f) Hozzáadjuk az apróra vágott hagymát.
g) Ez után szórjuk meg a felszeletelt hagymát az apróra vágott spenóttal és paradicsommal.
h) A tepsit megszórjuk sóval és reszelt sajttal.
i) Felöntjük tejszínnel.
j) Melegítse elő a légsütőt 390 F-ra.
k) Fedjük le a légsütő tálcát alufóliával.
l) 35 percig főzzük a tepsit.

73. Rozmaring illatú karfiol kötegek

Gyártmány: 4

ÖSSZETEVŐK:
- ⅓ csésze mandulaliszt
- 4 csésze rizs karfiol
- ⅓ csésze csökkentett zsírtartalmú, reszelt mozzarella vagy cheddar sajt
- 2 tojás
- 2 evőkanál friss rozmaring, apróra vágva
- ½ teáskanál só

UTASÍTÁS:
a) Melegítse elő a sütőt 400°F-ra
b) Az összes hozzávalót egy közepes méretű tálban összekeverjük
c) Enyhén kivajazott és fóliával bélelt tepsire kanalazzuk a karfiol keveréket 12 egyenlő méretű tekercsbe/kekszbe.
d) Addig sütjük, amíg aranybarna nem lesz, amit kb. 30 perc alatt kell elérni.

74. Pesto cukkini tészta

Gyártmány: 4

ÖSSZETEVŐK:

- 4 cukkini, spirálozva
- 1 evőkanál avokádó olaj
- 2 gerezd fokhagyma, apróra vágva
- ⅔ csésze olívaolaj
- ⅓ csésze parmezán sajt, reszelve
- 2 csésze friss bazsalikom
- ⅓ csésze mandula
- ⅛ teáskanál fekete bors
- ¾ teáskanál tengeri só

UTASÍTÁS:

a) Tegye a cukkinis tésztát egy szűrőedénybe, és szórja meg ¼ teáskanál sóval.
b) Fedjük le és hagyjuk állni 30 percig.
c) A cukkinis tésztát jól lecsepegtetjük, és szárazra töröljük.
d) Melegítsük elő a sütőt 400°F-ra.
e) Sütőpapírral bélelt tepsire tesszük a mandulát, és 6-8 percig sütjük.
f) Tegye a pirított mandulát a robotgépbe, és dolgozza durvára.
g) Adjuk hozzá az olívaolajat, a sajtot, a bazsalikomot, a fokhagymát, a borsot és a maradék sót egy robotgépben mandulával, és dolgozzuk pesto állagúra.
h) Az avokádóolajat egy nagy serpenyőben, közepes lángon főzzük meg.
i) Adjuk hozzá a cukkinis tésztát és főzzük 4-5 percig.
j) A cukkinis tésztára öntjük a pestót, jól összekeverjük, és 1 percig főzzük.
k) Azonnal sült lazaccal tálaljuk.

75.Juhar citrom Tempeh kockák

Gyártmány: 4

ÖSSZETEVŐK:
- Tempeh; 1 csomag
- Kókuszolaj; 2-3 teáskanál
- Citromlé; 3 evőkanál
- Juharszirup; 2 teáskanál
- 1-2 teáskanál folyékony aminok vagy alacsony nátriumtartalmú tamari
- Víz; 2 teáskanál
- szárított bazsalikom; ¼ teáskanál
- Porított fokhagyma; ¼ teáskanál
- fekete bors (frissen őrölt); megkóstolni

UTASÍTÁS:
a) Melegítsük elő a sütőt 400°C-ra.
b) Vágja a tempeh blokkot négyzetekre falat formában.
c) A kókuszolajat közepes vagy magas hőfokon főzzük meg egy tapadásmentes serpenyőben.
d) Amikor felolvadt és felforrósodott, adjuk hozzá a tempehhez, és főzzük az egyik oldalát 2-4 percig, vagy amíg a tempeh aranybarna színűvé nem válik.
e) Forgasd meg a tempeh darabokat, és főzd 2-4 percig.
f) Keverje össze a citromlevet, a tamarit, a juharszirupot, a bazsalikomot, a vizet, a fokhagymát és a fekete borsot, amíg a tempeh pirul.
g) Csepegtesse a keveréket a tempeh fölé, majd forgassa meg, hogy ellepje a tempeh-ot.
h) Pároljuk 2-3 percig, majd fordítsuk el a tempeh-et és pirítsuk még 1-2 percig.
i) A tempeh mindkét oldalon puha és narancssárga legyen.

76. Rukkola és édesburgonyasaláta

Gyártmány: 4

ÖSSZETEVŐK:
- 1 kiló édesburgonya
- 1 csésze dió
- 1 evőkanál olívaolaj
- 1 csésze víz
- 1 evőkanál szójaszósz
- 3 csésze rukkola

UTASÍTÁS:
a) A burgonyát 400 F-on puhára sütjük, kivesszük és félretesszük
b) Egy tálban csepegtessük meg a diót olívaolajjal, és sütjük a mikrohullámú sütőben 2-3 percig, vagy amíg meg nem pirul.
c) Egy tálban összedolgozzuk a saláta összes hozzávalóját, és jól összedolgozzuk
d) Leöntjük szójaszósszal és tálaljuk

77. Marhahús brokkolival vagy karfiol rizzsel

Gyártmány: 2

ÖSSZETEVŐK:
- 1 kiló nyers marhahús kerek steak, csíkokra vágva
- 1 evőkanál + 2 teáskanál alacsony nátriumtartalmú szójaszósz
- 1 db Splenda csomag
- ½ csésze víz
- 1 ½ csésze brokkoli rózsa
- 1 teáskanál szezám- vagy olívaolaj
- 2 csésze főtt, reszelt karfiol vagy fagyasztott rizs karfiol

UTASÍTÁS:
a) Keverje össze a steaket szójaszósszal, és hagyja állni körülbelül 15 percig.
b) Melegítsük fel az olajat közepesen magas lángon, és kevergetve süssük a marhahúst 3-5 percig, vagy amíg megpirul.
c) Vegye ki a serpenyőből.
d) Helyezze el a brokkolit, a Splendát és a vizet.
e) Fedjük le és főzzük 5 percig, vagy amíg a brokkoli megpuhul, néha megkeverjük.
f) Tegyük vissza a marhahúst és melegítsük fel alaposan.
g) Az ételt karfiol rizzsel tálaljuk.

78. Csirkés cukkini tészta

Gyártmány: 2

ÖSSZETEVŐK:
- 1 nagy cukkini, spirálozva
- 1 csirkemell bőr és csont nélkül
- ½ evőkanál jalapeno, darálva
- 2 gerezd fokhagyma, darálva
- ½ teáskanál gyömbér, darálva
- ½ evőkanál halszósz
- 2 evőkanál kókuszkrém
- ½ evőkanál méz
- ½ lime leve
- 1 evőkanál mogyoróvaj
- 1 sárgarépa, apróra vágva
- 2 evőkanál kesudió, apróra vágva
- ¼ csésze koriander
- 1 evőkanál olívaolaj

UTASÍTÁS:
a) Olívaolajat főzzünk egy serpenyőben, közepes lángon.
b) A csirkemellet borssal és sóval ízesítjük.
c) Ha felforrósodott az olaj, tegyük bele a csirkemellet a serpenyőbe, és süssük oldalanként 3-4 percig, vagy amíg megpuhul.
d) Vegye ki a csirkemellet a serpenyőből.
e) A csirkemellet villával felaprítjuk és félretesszük.
f) Egy kis tálban keverjük össze a mogyoróvajat, a jalapenót, a fokhagymát, a gyömbért, a halszószt, a kókuszkrémet, a mézet és a lime levét.
g) Félretesz, mellőz.
h) Egy nagy keverőtálban keverje össze a spirálozott cukkinit, a sárgarépát, a kesudiót, a koriandert és a felaprított csirkét.
i) Öntsük a mogyoróvajas keveréket a cukkinis tésztára, és keverjük össze.
j) Azonnal tálaljuk és élvezzük.

79. Slow Cooker Spagetti

Gyártmány: 8

ÖSSZETEVŐK:
- 1 uncia olívaolaj
- 4 uncia olasz kolbász
- 16 uncia darált marhahús
- 1 teáskanál olasz fűszer, szárítva
- ½ teáskanál majoránna, szárítva
- 1 teáskanál fokhagyma por
- 29 uncia konzerv paradicsomszósz
- 6 uncia konzerv paradicsompüré
- 1 4 ½ uncia olasz stílusú paradicsomkonzerv, felkockázva
- ¼ teáskanál kakukkfű levél, szárítva
- ¼ teáskanál bazsalikom, szárítva
- ½ teáskanál oregánó
- ⅓ uncia fokhagymapor
- ½ uncia fehér cukor

UTASÍTÁS:
a) Egy hatalmas serpenyőben közepes lángon melegítsen elő olajat. Az olajon megdinszteljük a hagymát és a kolbászt, amíg a hagyma áttetsző nem lesz, és a kolbász egyenletesen megpirul.
b) Helyezze a kolbászt a lassú tűzhely edényébe.
c) Főzzük a majoránnát, a darált marhahúst, a fűszereket és 1 teáskanál fokhagymát ugyanabban a serpenyőben 10 percig, vagy amíg a hús omlós és egyenletesen megpirul.
d) Tegye át a marhahúst a lassú tűzhelybe. Keverjük hozzá a többi hozzávalót a lassú tűzhelyen lévő keverékhez, és főzzük alacsony fokozaton 8 órán át.

80. Marhahús Lo Mein

Gyártmány: 4

ÖSSZETEVŐK:
- 8 uncia nyers spagetti
- 1 teáskanál szezámolaj
- ½ uncia mogyoróolaj
- 4 gerezd darált fokhagyma
- ½ uncia gyömbér, darálva
- 32 uncia vegyes zöldség
- 16 uncia vékonyra szeletelt oldalszelet
- 1 ½ uncia szójaszósz
- 1 uncia barna cukor
- ½ uncia osztrigaszósz
- ½ uncia fokhagymás ízű chili paszta

UTASÍTÁS:
a) Forraljuk fel a sós vizet, és főzzük a spagetti tésztát 12 percig
b) A tésztát leszűrjük, és egy nagy tálba öntjük.
c) Dobd meg a tésztát szezámolajjal, és fedd le a tálat, hogy a tészta melegen tartsa.
d) Főzzünk mogyoróolajat egy nagy serpenyőben, közepesen magas hőfokon, és pirítsuk meg a fokhagymát és a gyömbért az olajon 30 másodpercig.
e) Tegyük a zöldségeket a serpenyőbe, és főzzük 5 percig, majd adjuk hozzá a marhahúst, és főzzük további 5 percig, vagy amíg át nem melegszik.
f) Keverje össze az összes hozzávalót 3 percig, amíg forró.

LEves és Pörkölt

81. Sült paradicsomleves

Gyártmány: 6

ÖSSZETEVŐK:
- 3 kiló paradicsom félbevágva
- 6 fokhagyma (zúzott)
- 4 teáskanál étolaj vagy szűz olaj
- Só ízlés szerint
- ¼ csésze tejszín (elhagyható)
- Díszítésnek szeletelt friss bazsalikom levelek

UTASÍTÁS:
a) Sütő közepes hőfokon kb 427f, előmelegítjük a sütőt.
b) A keverőedényben összekeverjük a félbevágott paradicsomot, fokhagymát, olívaolajat, sót és borsot
c) A paradicsomos keveréket a már előkészített tepsire kenjük
d) 20-28 percig sütjük és keverjük össze
e) Ezután vegye ki a sütőből, és a sült zöldségeket most egy leveses fazékba kell tenni
f) Belekeverjük a bazsalikom leveleket
g) Turmixgépben kis adagokban turmixoljuk
h) Azonnal tálaljuk

82. Sajtburger leves

Gyártmány: 4

ÖSSZETEVŐK:
- 14,5 uncia lehet kockára vágni a paradicsomot
- 1 font 90%-os sovány darált marhahús
- ¾ csésze apróra vágott zeller
- 2 teáskanál Worcestershire szósz
- 3 csésze alacsony nátriumtartalmú csirkehúsleves
- ¼ teáskanál sót
- 1 teáskanál szárított petrezselyem
- 7 csésze bébispenót
- ¼ teáskanál őrölt bors
- 4 uncia csökkentett zsírtartalmú reszelt cheddar sajt

UTASÍTÁS:
a) Vegyünk egy nagy edényt, és főzzük a marhahúst, amíg barna nem lesz.
b) Adjuk hozzá a zellert, és pároljuk, amíg megpuhul.
c) Vegyük le a tűzről, és engedjük le a felesleges folyadékot. Keverje hozzá a húslevest, a paradicsomot, a petrezselymet, a Worcestershire szószt, a borsot és a sót.
d) Fedjük le fedővel, és lassú tűzön pároljuk körülbelül 20 percig.
e) Adjuk hozzá a spenótot, és hagyjuk főni, amíg 1-3 perc alatt megfonnyad.
f) Minden adag tetejére tegyünk 1 uncia sajtot.

83. Gyors lencse chili

Gyártmány: 10

ÖSSZETEVŐK:
- 1½ csésze kimagozott vagy kockára vágott paprika
- 5 csésze zöldségleves (alacsony nátriumtartalmú legyen)
- 1 evőkanál fokhagyma
- ¼ teáskanál frissen őrölt bors
- 1 csésze vöröslencse
- 3 töltött teáskanál chili por
- 1 evőkanál őrölt kömény

UTASÍTÁS:
a) Helyezze az edényt közepes lángra
b) Keverje össze a hagymát, a pirospaprikát, az alacsony nátriumtartalmú zöldséglevest, a fokhagymát, a sót és a borsot
c) Főzzük és keverjük mindig, amíg a hagyma áttetszőbb lesz, és az összes folyadék elpárolog. Ez körülbelül 10 percet vesz igénybe.
d) Hozzáadjuk a maradék húslevest, a lime levét, a chiliport, a lencsét, a köményt és felforraljuk.
e) Ezen a ponton csökkentse a hőt, letakarva körülbelül 15 percig pároljuk, amíg a lencse megfelelően meg nem fő
f) Öntsünk rá kevés vizet, ha sűrűnek tűnik a keverék.
g) A chili akkor lesz megfelelően elkészítve, amikor a víz nagy része felszívódik.
h) Tálaljuk és élvezzük.

84. Citromos-fokhagymás csirke

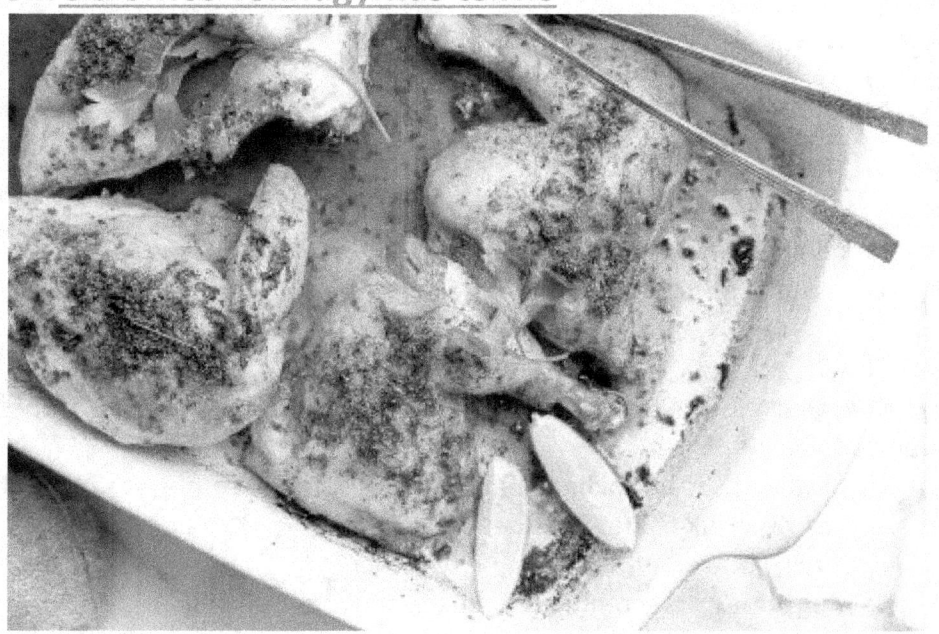

Gyártmány: 4

ÖSSZETEVŐK:
- 1 kis citrom levében
- 1 ¾ font csontos, bőr nélküli csirkecomb
- 2 evőkanál friss oregánó, darálva
- 2 gerezd fokhagyma, felaprítva
- 2 font. spárgából, vágva
- ¼ teáskanál fekete borshoz és sózáshoz

UTASÍTÁS:
a) Melegítse elő a sütőt körülbelül 350 F-ra. Tegye a csirkét egy közepes méretű tálba.
b) Most adjuk hozzá a fokhagymát, az oregánót, a citromlevet, a borsot és a sót, és keverjük össze.
c) 40 percig sütjük.
d) Ha megsült a csirkecomb, kivesszük és félretesszük pihenni.
e) Most gőzölje meg a spárgát főzőlapon vagy mikrohullámú sütőben a kívánt készre.
f) A spárgát a sült csirkecombokhoz tálaljuk.

85. Krémes karfiolleves

Gyártmány: 6

ÖSSZETEVŐK:

- 5 csésze karfiol rizs
- 8 uncia cheddar sajt, reszelve
- 2 csésze cukrozatlan mandulatej
- 2 csésze zöldségleves
- 2 evőkanál vizet
- 2 gerezd fokhagyma, darálva
- 1 evőkanál olívaolaj

UTASÍTÁS:

a) Főzzük az olívaolajat egy nagy lábasban, közepes lángon.
b) Adjuk hozzá a fokhagymát és főzzük 1-2 percig. Adjunk hozzá karfiol rizst és vizet.
c) Fedjük le és főzzük 5-7 percig.
d) Most adjuk hozzá a növényi alaplevet és a mandulatejet, és jól keverjük össze.
e) Felforral.
f) Vegyük alacsonyra a hőt, és főzzük 5 percig.
g) Kapcsolja le a hőt.
h) Lassan adjuk hozzá a cheddar sajtot, és keverjük simára.
i) A levest borssal és sóval ízesítjük.
j) Jól elkeverjük és forrón tálaljuk.

86. Crockpot csirke taco leves

Gyártmány: 6

ÖSSZETEVŐK:

- 2 fagyasztott csont nélküli csirkemell
- 2 doboz fehér bab vagy fekete bab
- 1 doboz kockára vágott paradicsom
- ½ csomag taco fűszerezés
- ½ teáskanál fokhagyma só
- 1 csésze csirkehúsleves
- Só és bors ízlés szerint
- Feltétként tortilla chips, sajtos tejföl és koriander

UTASÍTÁS:

a) Tedd a fagyasztott csirkét az edénybe, és tedd a többi hozzávalót is a medencébe.
b) Hagyja kb 6-8 órán át főni.
c) Főzés után vegyük ki a csirkét, és aprítsuk a kívánt méretre.
d) Végül a feldarabolt csirkét tegyük az edénybe, és tegyük lassú tűzhelyre. Keverjük össze és hagyjuk főni.
e) Hozzáadhat több babot és paradicsomot is, hogy nyújtsa a húst és ízletesebb legyen.

87. Tofusütjük spárgapörkölttel

Gyártmány: 4

ÖSSZETEVŐK:
- 1 kilós spárga, szárát levágva
- 2 evőkanál olívaolaj
- 2 blokk tofu, préselve és felkockázva
- 2 gerezd fokhagyma, darálva
- 1 teáskanál Cajun fűszerkeverék
- 1 teáskanál mustár
- 1 kaliforniai paprika, apróra vágva
- ¼ csésze zöldségleves
- Só és fekete bors, ízlés szerint

UTASÍTÁS:
a) Egy hatalmas serpenyőben enyhén sós vízzel tegyük spárgába, és főzzük puhára 10 percig; csatorna.

b) Állítson egy wokot magas lángra és meleg olívaolajra; belekeverjük a tofukockákat és 6 percig főzzük.

c) Fokhagymába tesszük és 30 másodpercig puhára főzzük.

d) Keverjük hozzá a többi hozzávalót, beleértve a fenntartott spárgát is, és főzzük további 4 percig.

e) Tányérokra osztjuk és tálaljuk.

88. Kakukkfű paradicsomleves krémes

Gyártmány: 6

ÖSSZETEVŐK:
- 2 evőkanál ghí
- ½ csésze nyers kesudió, kockára vágva
- 2 (28 uncia) doboz paradicsom
- 1 teáskanál friss kakukkfűlevél + plusz a díszítéshez
- 1 ½ csésze víz
- Só és fekete bors ízlés szerint

UTASÍTÁS:
a) Egy lábosban, közepes lángon főzzük meg a ghit, és pároljuk a hagymát 4 percig, amíg megpuhul.
b) Hozzákeverjük a paradicsomot, a kakukkfüvet, a vizet, a kesudiót, és ízesítjük sóval és fekete borssal.
c) Fedjük le, és főzzük 10 percig, amíg teljesen meg nem fő.
d) Nyissa ki, kapcsolja le a hőt, és botmixerrel pürésítse a hozzávalókat.
e) Ízlés szerint hozzákeverjük a tejszínt.
f) Leveses tálakba kanalazzuk és tálaljuk.

89. Gombás és Jalapeño pörkölt

Gyártmány: 4

ÖSSZETEVŐK:

- 2 teáskanál olívaolaj
- 1 csésze póréhagyma, apróra vágva
- 1 gerezd fokhagyma, felaprítva
- ½ csésze zellerszár, apróra vágva
- ½ csésze sárgarépa, apróra vágva
- 1 zöld kaliforniai paprika, apróra vágva
- 1 jalapeño paprika, apróra vágva
- 2 ½ csésze gomba, szeletelve
- 1 ½ csésze zöldségalaplé
- 2 paradicsom, apróra vágva
- 2 szál kakukkfű apróra vágva
- 1 szál rozmaring, apróra vágva
- 2 babérlevél
- ½ teáskanál só
- ¼ teáskanál őrölt fekete bors
- 2 evőkanál ecet

UTASÍTÁS:

a) Helyezzen egy edényt közepes lángra és meleg olajra.
b) Hozzáadjuk a fokhagymát és a póréhagymát, és puhára és áttetszőre pároljuk.
c) Adjuk hozzá a fekete borsot, a zellert, a gombát és a sárgarépát.
d) Keverés közben főzzük 12 percig; keverjünk hozzá egy csoki zöldségalaplét, hogy ne ragadjon le.
e) Keverjük hozzá a többi hozzávalót.
f) Állítsa a hőt közepesre; hagyjuk 25-35 percig főni, vagy amíg meg nem fő.
g) Külön tálkákba osztjuk, és melegen tálaljuk.

90. Karfiol leves

Gyártmány: 4

ÖSSZETEVŐK:
- 2 evőkanál olívaolaj
- 1 teáskanál fokhagyma, darálva
- 1 kilós karfiol rózsákra vágva
- 1 csésze kelkáposzta, apróra vágva
- 4 csésze zöldségleves
- ½ csésze mandulatej
- ½ teáskanál só
- ½ teáskanál pirospaprika pehely
- 1 evőkanál friss apróra vágott petrezselyem

UTASÍTÁS:
a) Tegyünk egy edényt közepes lángra, és melegítsük fel az olajat.

b) Adjuk hozzá a fokhagymát és a hagymát, és pirítsuk, amíg meg nem pirul és megpuhul.

c) Helyezze a zöldséglevesbe, a kelkáposztába és a karfiolba; 10 percig főzzük, amíg a keverék fel nem forr.

d) Keverje hozzá a borspelyhet, a sót és a mandulatejet; csökkentse a hőt, és főzzük a levest 5 percig.

e) Tegye át a levest egy turmixgépbe, és keverje össze a kívánt állag eléréséig; a tetejére petrezselymet és azonnal tálaljuk.

DESSZERT

91. Chia puding

Gyártmány: 2

ÖSSZETEVŐK:
- 4 evőkanál chia mag
- 1 csésze cukrozatlan kókusztej
- ½ csésze málna

UTASÍTÁS:
a) Adjunk hozzá málna- és kókusztejet egy turmixgépbe, és turmixoljuk simára.
b) Öntse a keveréket az üvegedénybe.
c) Tegye bele a chia magot egy üvegbe, és keverje jól el.
d) Zárja le az edényt fedővel, és jól rázzuk össze, és tegyük a hűtőszekrénybe 3 órára.
e) Hűtve tálaljuk és élvezzük.

92. Lime-avokádó puding

Gyártmány: 9

ÖSSZETEVŐK:
- 2 érett avokádó kimagozva és kockákra vágva
- 1 evőkanál friss limelé
- 14 oz doboz kókusztej
- 2 teáskanál folyékony stevia
- 2 teáskanál vanília

UTASÍTÁS:
a) Hozzádolgozzuk az összes hozzávalót, és simára turmixoljuk.
b) Szolgál.

93. Brownie Bites

Gyártmány: 13

ÖSSZETEVŐK:
- ¼ csésze cukrozatlan csokoládéforgács
- ¼ csésze cukrozatlan kakaópor
- 1 csésze pekándió, apróra vágva (½ sovány)
- ½ csésze mandulavaj
- ½ teáskanál vanília
- ¼ csésze szerzetes gyümölcs édesítőszer
- ⅛ teáskanál rózsaszín só

UTASÍTÁS:
a) Adja hozzá a pekándiót, az édesítőt, a vaníliát, a mandulavajat, a kakaóport és a sót a robotgépbe, és dolgozza jól össze.
b) Öntse a brownie keveréket a nagy tálba. Hozzáadjuk a csokireszeléket, és jól összeforgatjuk.
c) A brownie-keverékből kis kerek golyókat formálunk, és egy tepsire tesszük.
d) 20 percre fagyasztóba tesszük.

94. Sütőtök golyók

Gyártmány: 18

ÖSSZETEVŐK:
- 1 csésze mandulavaj
- 5 csepp folyékony stevia
- 2 evőkanál kókuszliszt
- 2 evőkanál sütőtök püré
- 1 teáskanál sütőtök pite fűszer

UTASÍTÁS:
a) Egy nagy tálban keverjük össze a sütőtökpürét és a mandulavajat, amíg jól össze nem keveredik.
b) Adjuk hozzá a folyékony steviát, a sütőtök pite fűszert és a kókuszlisztet, és jól keverjük össze.
c) A masszából kis golyókat formálunk, és egy tepsibe tesszük.
d) 1 órára fagyasztóba tesszük.

95. Csokoládé diófürtök

Gyártmány: 25

ÖSSZETEVŐK:
- 9 uncia cukormentes étcsokoládé chips
- ¼ csésze finomítatlan kókuszolaj
- 2 csésze sózott vegyes dió

UTASÍTÁS:
a) Egy peremes tepsit kibélelünk sütőpapírral vagy szilikon sütőlappal.

b) Egy mikrohullámú sütőben használható tálba tegyünk egy darab csokoládéforgácsot és kókuszolajat, és süssük mikrohullámú sütőbe, amíg a csokoládé elolvad.

c) Használjon spatulát a keveréshez. Használat előtt hagyja egy kicsit lehűlni.

d) Addig keverjük, amíg az összes dió bele nem kerül a csokoládéba.

e) Cseppentsünk egy gigantikus kanál kombót az előkészített előkészítő lapra.

f) A törmeléket legfeljebb három hétig tárolja a hűtőszekrényben.

96. Kakaós kókuszvaj zsírbombák

Gyártmány: 12

ÖSSZETEVŐK:
- 1 csésze kókuszolaj
- ½ csésze sótlan vaj
- 6 evőkanál cukrozatlan kakaópor
- 15 csepp folyékony stevia
- ½ csésze kókuszvaj

UTASÍTÁS:
a) Egy serpenyőbe tegyük a vajat, a kókuszolajat, a kakaóport és a steviát, és lassú tűzön, gyakran kevergetve főzzük, amíg elolvad.
b) Olvasszuk fel a kókuszvajat egy másik serpenyőben alacsony lángon.
c) Öntsön 2 evőkanál kakaó keveréket egy 12 csésze szilikon forma minden mélyedésébe.
d) Mindegyik mélyedésbe adjunk 1 evőkanál olvasztott kókuszvajat.
e) Tedd a fagyasztóba, amíg megkeményedik, körülbelül 30 perc.

97. Áfonyás citromtorta

Gyártmány: 4

ÖSSZETEVŐK:
A TORTÁHOZ:
- ⅔ csésze mandulaliszt
- 5 tojás
- ⅓ csésze mandulatej, cukrozatlan
- ¼ csésze eritrit
- 2 teáskanál vanília kivonat
- 2 citrom leve
- 1 teáskanál citromhéj
- ½ teáskanál szódabikarbóna
- Csipet só
- ½ csésze friss áfonya (½ sovány)
- 2 evőkanál vaj, olvasztott

A FAGYMAZÁSHOZ:
- ½ csésze nehéz tejszín
- 1 citrom leve
- ⅛ csésze eritrit

UTASÍTÁS:
a) Melegítse elő a sütőt 350 F-ra
b) Egy tálba adjuk hozzá a mandulalisztet, a tojást és a mandulatejet, és jól keverjük simára.
c) Adjuk hozzá az eritritet, egy csipet sót, a szódabikarbónát, a citromhéjat, a citromlevet és a vaníliakivonatot. Keverjük össze és jól keverjük össze.
d) Belekeverjük az áfonyát.
e) A vajjal kikenjük a rugós formát.
f) Öntse a masszát a kivajazott formákba. Sütőpapíros tepsire tesszük az egyenletes sütéshez. Tedd be a sütőbe, hogy kb. 35-40 percig süsd, amíg a közepe megpirul, a teteje pedig enyhén megbarnul.
g) Hagyjuk kihűlni, mielőtt kivesszük a formából. Keverje össze az eritritet, a citromlevet és a tejszínt. Jól összekeverni.
h) A tetejére cukormázt öntünk. Szolgál.

98. Csokoládé-mandula kéreg

Gyártmány: 10

ÖSSZETEVŐK:
- ½ csésze pirított mandula, apróra vágva
- ½ csésze vaj
- 10 csepp stevia
- ¼ teáskanál só
- ½ csésze cukrozatlan kókuszreszelék 9⅛ fűszer)
- 4 uncia étcsokoládé

UTASÍTÁS:
a) Melegítse fel a vajat és a csokoládét a mikrohullámú sütőben 90 másodpercig.
b) Kivesszük és belekeverjük a steviát.
c) Készíts elő egy tepsit viaszpapírral, és kend rá egyenletesen a csokoládét.
d) A tetejére szórjuk a mandulát, kókuszreszeléket, és megszórjuk sóval.
e) Hűtsük le 60 percig.

99. Fueling Mousse

Gyártmány: 2

ÖSSZETEVŐK:
- 1 csomag Optavia forró kakaó
- ½ csésze cukormentes zselatin
- 1 evőkanál könnyű krémsajt
- 2 evőkanál hideg víz
- ¼ csésze zúzott jég

UTASÍTÁS:
a) Tegye az összes hozzávalót egy turmixba.
b) Pulzálj simára.
c) Üvegbe öntjük és hűtőbe tesszük dermedni.
d) Hűtve tálaljuk.

100. Töltött avokádó

Gyártmány: 2

ÖSSZETEVŐK:
- 1 avokádó felezve és kimagozva
- 10 uncia tonhalkonzerv, lecsepegtetve
- 2 evőkanál szárított paradicsom apróra vágva
- 1 és ½ evőkanál bazsalikom pesto
- 2 evőkanál fekete olajbogyó, kimagozva és apróra vágva
- Só és fekete bors ízlés szerint
- 2 teáskanál fenyőmag, pirítva és apróra vágva
- 1 evőkanál bazsalikom, apróra vágva

UTASÍTÁS:
a) Keverjük össze a tonhalat az aszalt paradicsommal egy tálban, és a többi hozzávalóval, kivéve az avokádót, és keverjük össze.
b) Töltsük meg az avokádó felét a tonhalkeverékkel, és tálaljuk előételként.

KÖVETKEZTETÉS

A „Teljes gabonamentes étkezési szakácskönyv" című utazásunk végén reméljük, hogy felfedezte a gabonamentes étkezés örömeit, és megtapasztalta, milyen pozitív hatással lehet az egészségére és jólétére. Minden elkészített recept egy lépést jelent a lendületes, gabonamentes életmód felé.

Javasoljuk, hogy folytassa ennek az útnak a felfedezését, kísérletezzen az ízekkel, és állítsa testre gabonamentes ételeit ízlésének megfelelően. A konyha kreativitásával és az egészséges, tápanyagban gazdag alapanyagokra összpontosítva a gabonamentes étkezést élete állandó és élvezetes részévé teheti.

Köszönjük, hogy részesei lehetünk kulináris kalandjának. Miközben továbbra is kóstolgatja ezeket a tápanyagban gazdag, gabonamentes ételeket, legyen utazása tele életerővel, elégedettséggel és a vibráló egészség finom ízével. Íme az ízletes, gabonamentes étkezés jövője!

www.ingramcontent.com/pod-product-compliance
Lightning Source LLC
Chambersburg PA
CBHW071906110526
44591CB00011B/1570